Dramatic Garden

There is a drama in the garden

ドラマチック・ガーデン　Garden creator　上野 祐司

海鳥社

もくじ

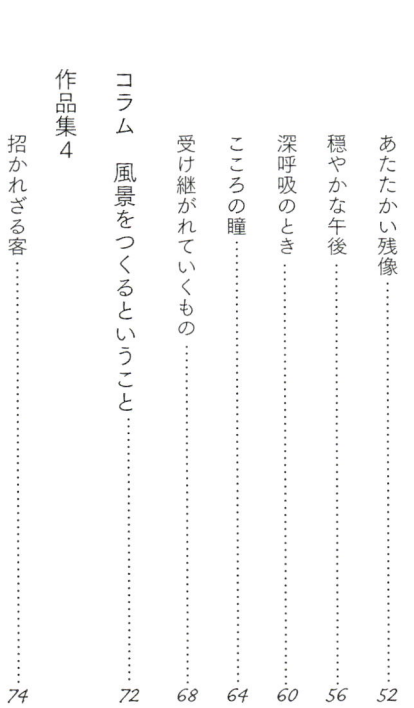

プロローグ

庭があれば、そこに人もいる

人がいれば、そこに思い出もある

思い出はドラマ、庭にはドラマがある

まさに、ドラマチックガーデン

庭は色々なものを私たちに教えてくれる

やさしさ、つよさ、それは愛

忘れていた大切な何かを思い出させてくれる

やすらぎ、ぬくもり、それは喜び

そんな庭を少しでも多くの方に感じていただきたくて、
この一冊にとじこめました。
ガーデンアーティスト 上野祐司の思い、
そして実際に彼の手がけた庭と暮らすオーナーの風景を
ゆっくりのんびり、お楽しみください。

work collection 1

作品集 1

Work collection 1

A fashionable lady 「おしゃれな奥さん」

おしゃれな奥さん

近頃あそこの奥さん、
めっきりお店に来ないのよ
この服とっても似合うと思って
サイズ合わせて
とってあったのに
奥さん、おしゃれ大好きなのよ
浮気されたのかしらって
不安になっちゃって
それでね
久しぶりにこちらから
会いに行ったのよ、ご自宅に
そうしたらわかったのよ、原因が
お庭のしわざよ
心変わりされちゃったわ
お庭のおしゃれに
はまっちゃったのよ

Beautiful garden, more beautifully.

The garden, shows the warm heart.

美しい庭をより美しく。
それは、人の体温を感じる庭。

主庭スペースには元々クスノキ・ケヤキ・ヤマボウシなどの高木が植えてあり、周りは竹林に囲まれていた。
風に吹かれてザワザワと揺れる音、春の新緑の美しさがそこにあった。それだけで十分美しい庭に、さらに手を加えさせていただいた。草花の鉢や小物で彩りをそえ、バーベキュー炉やパラソル・ベンチで演出。人の体温を感じる庭へ。
仕上げは笑顔。人が集い、思い出が積もれば、それがさらなる彩りになるだろう。

Work collection 1

A fairy tale 「おとぎ話」

おとぎ話

緑に囲まれた小さな建物
それはまるで小人の家
見つけた私は、白雪姫
ゆっくりと扉を開く
押し寄せる甘いにおい
木漏れ日のような
オレンジのあかりの中で
輝きに満ちたお菓子たちが
幸せそうに並んでいる
ここはケーキ屋さんだった
やさしい時を過ごし
お店を出た
夢から覚めた、と寂しくなる
でも、夢じゃない
右手にはしっかり
ケーキの箱が握られていた

A fairy tale 「おとぎ話」

The copse where I strayed.

The sweet fragrance, spreading farther.

迷い込んだ雑木林、その先に広がる甘い香り。

店内に差し込む西陽を避けられるような、雑木林風にしたいというケーキ店の依頼だった。

狭いスペースなので、緑を吊したり外壁に這わせたり、高さも有効活用した演出を施した。

地面が狭くても、そこがコンクリートでも、それをキャンバスに庭は描ける。

入り口に向かって左側は、モダンな和のスペース。板を使って壁をつくり、その上はパーゴラ風に板を放射状に渡し、下はデッキにした。板が腐らないように防水シートを敷き、水が抜けるように切れ目を入れ、そこに石を積んだ。壁にはアイビー、パーゴラには藤、少し前に垂れるようにヤマブドウを植えた。配置した鉢は、骨董店で見つけたもの。穴を開ければ、それは植木鉢になる。

右側は、フレンチスペース。白い石をランダムに貼った。こちら側の板や鉢をグレーに統一。小さなポンプで水を循環させて流し、水音を奏でている。

その奥は、洋のスペース。勝手口には板で隠し扉を付けた。ワイヤーメッシュを使ってアブチロンを這わせてある。

隣家との境目にも板を張り、棚を装着。小さな鉢や、ケーキで使う洋酒のビンを置いて演出している。

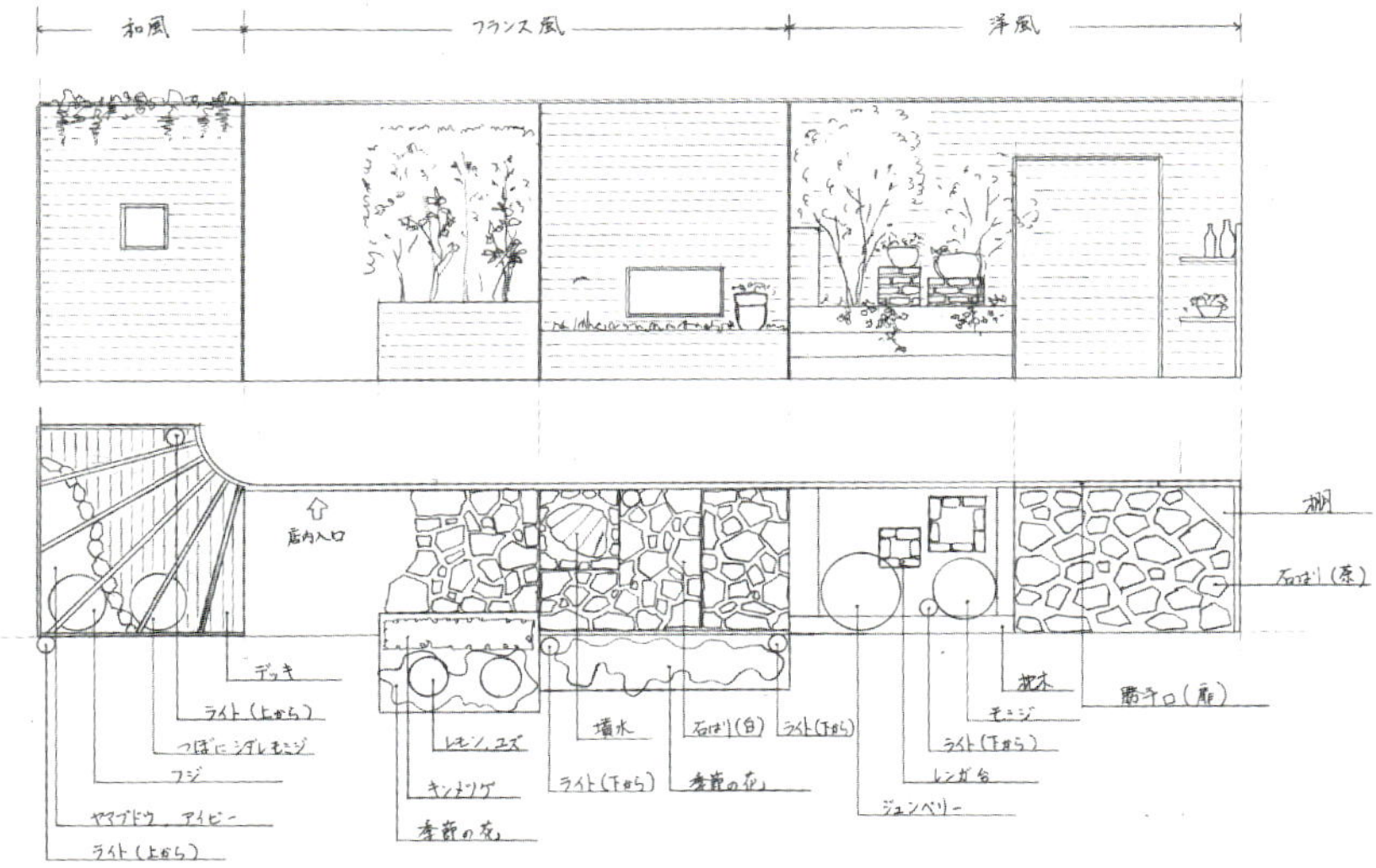

植物のじかん

準備できた？
うん、ツボミ開いたよ
こっちも新芽が出たところ
あっ、来た来た
せーの、「いってらっしゃい」
行っちゃったね
うん、しばらく暇だなぁ
ねぇねぇ、昨日みんなが寝てた時
ご夫婦が話してたんだけど
今度、新しい仲間が来るらしいよ
へぇ、どんな子？
ハーブだって
最近はまっているらしいの
あの子たち、いいにおいするよね
そうなの？
じゃあ私もがんばろうっと
なにがんばるの？
もっときれいな花を咲かせるの

The interpretation of space to show the distance longer.
Hand making road to the mountain from scratch.

短い距離を長く魅せる、空間の演出。ないものはつくる、手づくりの山道。

山道を歩いて登るようなアプローチをつくって欲しいという依頼だった。

しかし、道路から玄関までの距離は短い。山道に見立てたアプローチの階段を斜めにつくることによって、距離を出した。この階段の素材には大きな乱貼りの石を使いたかったが、コストを抑えるため土間をはいで出たコンクリートの廃材を再利用。デザイン的にも面白いものになった。

階段のサイドに配置した枕木と樹木は山道の木々のイメージで、少し背の高いものを使った。

手前の花壇は草花を植えることのできる最低限のスペースを確保。その周りに石やレンガを単調にならないように変化をつけて積んだ。

家の周りにはまだ空間があるので、木々を増やしていくと、もっと雰囲気が出るだろう。

Good morning! Dad. 「おはよう、パパ」

「おはよう、パパ」

眩しい光を
木々の間接照明が
リビングにやさしく運ぶ朝
ねむたい目をこすらせて
ようやく子供たちが二階から降りてきた
「おはよう、ママ。パパは？」
「もうお仕事行っちゃったのよ」
そう伝えると、二人はいつものように
肩をすくめ洗面台へ向かった

昼下がり
Ｙシャツにアイロンをあてながら
庭に目をやると
子供たちが仲良くはしゃいでいる
あの人は忙しい
興した会社が軌道に乗り
さらに忙しくなった
たまには早く帰って来い！

深夜、一時
今日もまた遅くなった
角を曲がると
ライトアップされた我が家
子供たちはとっくに眠っているだろう
もうずいぶんと
寝顔の天使にしか会っていない
家の中の灯りはまだついていた
夜も遅い
静かに玄関を開け、中へ入った
リビングに人影
妻がソファで寝息をたてていた
ブランケットを妻に掛け
隣に座った
出会った頃と変わらない
無邪気な寝顔はあの子たちと同じ
明日こそ、早く帰ろう
みんなの笑顔に会うために

Good morning! Dad. 「おはよう、パパ」

We tend to be good at those things we like.

好きこそものの上手なれ。

こちらの庭で私がしたことは、大きな樹木を植えただけ。あとは奥様とお友達が、こつこつと移植ごて一つで施工・整備をこなされた。建物と植物、全体のバランスがとても良い。レンガ敷きを見ても、水平器を使わない方が、いい味が出ると思わせる出来栄え。

奥様は庭好きで、本を読んで調べたり、実際に植えてみて観察したりととても研究熱心。まさに、好きこそものの上手なれ。私は、「造園のことをもっと勉強して、仕事としてやってみませんか」と訪ねた。すると、「がんばります」と奥様。

今では、一緒に良いものをつくろうと頑張っているメンバーの一人である。

木を植えるということ

上野　祐司

私は十八歳の頃から造園家を志し、日々努力、勉強をしてきた。

造園家を志した理由は、植物が好きで好きでというわけではない。庭を色々な形にデザインしたり、地面や空間をキャンパスに見立て、絵を描くように素材をレイアウトしたりしていくことに強く惹かれたからだ。

素材には、無数の植物はもちろんのこと、石・レンガ・木材・鉄・アルミ・ガラス・鏡・ステンレスなどと、様々なテクスチャーを使う。

太陽の当たり具合や土壌の成分（酸性やアルカリ性など）、機能性、安全性と、色々なことを考慮、その中でなにをどう使うかを決める。

そのためには素材を熟知していなければならない。そして、もちろん視覚的にも美しくなければならないので、素材の色・形を意識し、何年か先を見通した、デザイン・設計をする。

植物は生き物なので、施工にあたっては慎重に扱い、細かなところも丁寧に仕上げる。

時には大きな重機を使うこともある。造園とは奥が深く、一生、私の追求心が止むことはないと思う。

いくつの時か忘れてしまったが、初めから思い通りの庭をつくらせてもらえるはずはなく、地道な作業や指示されたことをやるだけの仕事ばかりだった。汗ダクになりながら木を植えていた。

そうしているうちに私は、木を植えるということが、神聖なことに思えてきた。なぜなら、植物は私たち人間と同じ生命であり、植物と共存していくということが、非常に尊く大切なことに思えてきたからだ。植物たちがなんとも愛おしく見えてきたのだ。

それからは、地道な作業もとても誇りに思えた。そして植物が好きになり、木を植えることに何か使命みたいなものを感じた。

緑豊かな街を未来へ残していけるように、これからも木を植えていきたい。

Work collection 2

作品集 2

my favourites 「ボクのすきなもの」

ボクのすきなもの

ひろいお庭　ボクだいすき
お山もあるし　ムシムシたくさん
お兄ちゃんたちとつかまえて
ママに見せてあげるんだ
おそとで食べるゴハンもすき
みんないっしょでたのしいもん
きのうはおさるが遊びにきたの
ママはこわいって言ってたけど
ボク男の子　こわくないよ
シカさんだって　こわくない
ボク男の子　ママだいすき

Opening door, big campus.

Like drawing a picture, also a garden.

扉を開くと大きなキャンバス。絵を描くように、庭を描く。

高台にあるこの家の敷地からは、素晴らしい景色が広がっている。

クライアントの希望は、人の集う空間。座れる場所が欲しいということだった。

せっかくの景色なので、これを活かした庭にしようと考えた。

排水が可能だったので、地表より70cm位地面を掘り下げ、人の集う空間をつくった。そこにベンチを配置。

デッキに階段を設けたので、そこにも座ることができる。それから芝生の丘をつくったのだが、くぼみを入れてそこにも座れるようにした。木陰ができるように樹木を植え、グランドカバーに小花をあしらった。

玄関を開けると正面に、この庭が見える。それはまるで絵画のような風景になった。

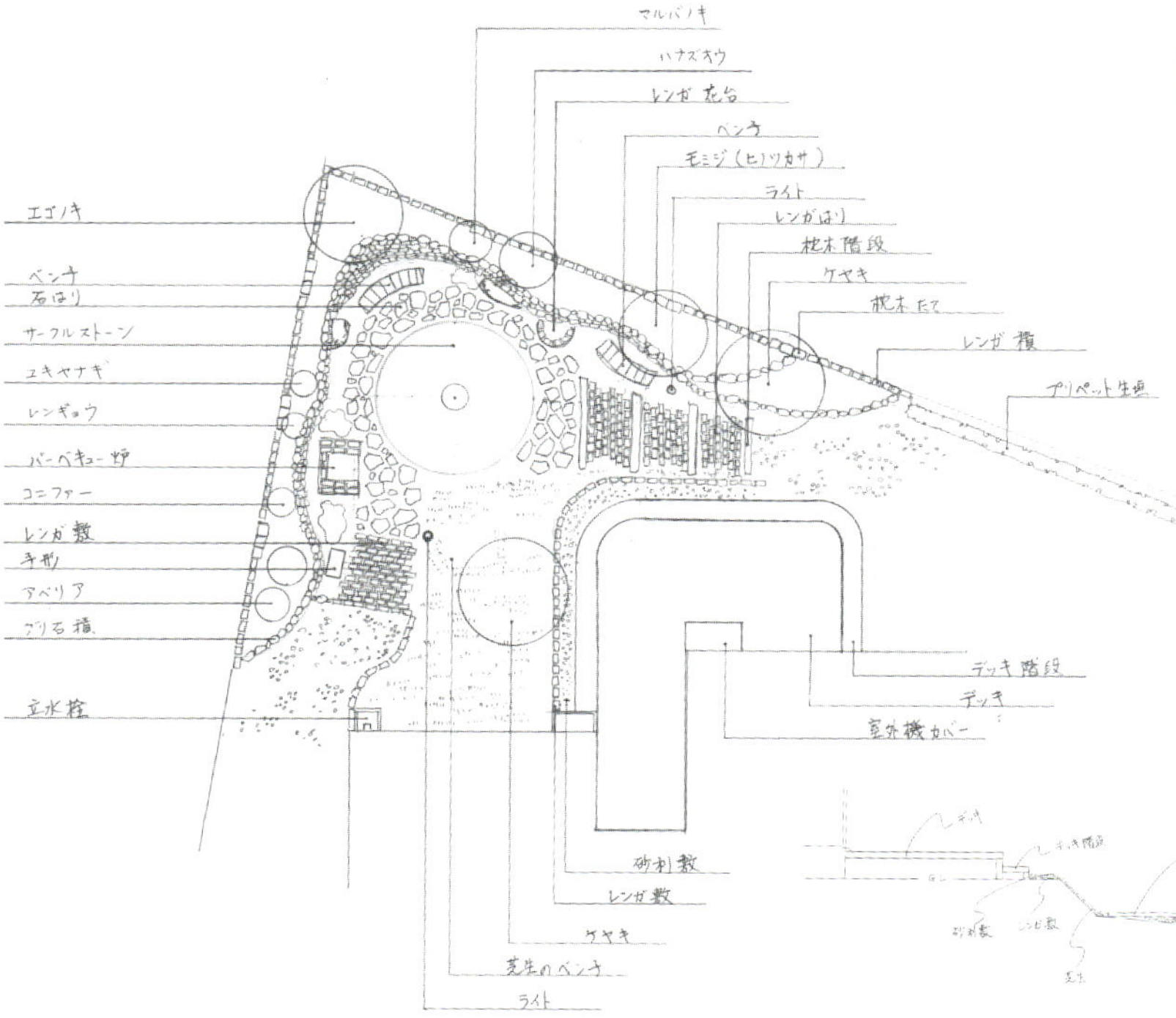

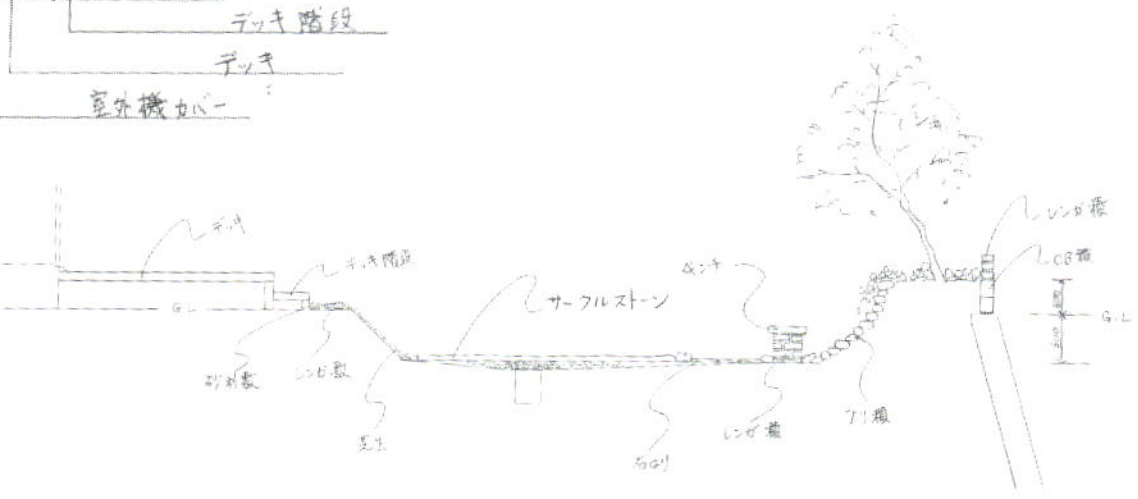

Daddy on Sunday 「日曜日のパパ」

日曜日のパパ

目が覚めるとパパはもういないし
ベットに入る時も
「おやすみ」って言えないの
だからほんとうは
お昼寝しているパパを揺さぶって
「遊んで、遊んで」って
言いたいんだけど
わたしはいつもお庭で遊べるから
日曜日くらいはパパにも
ひなたぼっこさせてあげたいんだ

The garden to enjoy,
panorama view.
Monopolizing all the view.

その眺望をひとりじめ。パノラマビューを楽しむ庭。

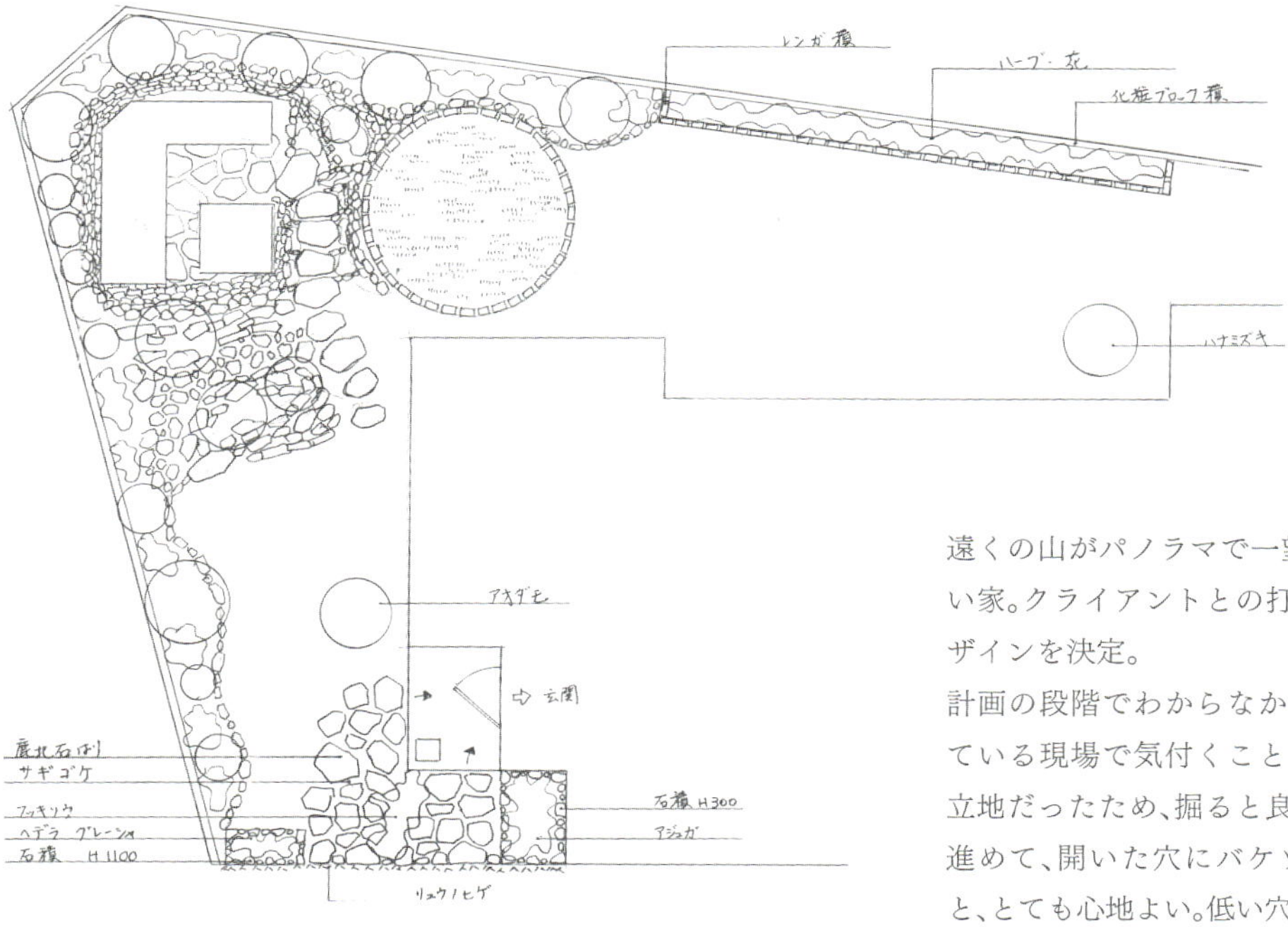

遠くの山がパノラマで一望できる見晴らしの良い家。クライアントとの打ち合わせを済ませ、デザインを決定。
計画の段階でわからなかったことに、作業をしている現場で気付くことがある。ここは元々埋立地だったため、掘ると良い土が出てきた。掘り進めて、開いた穴にバケツを置いて座ってみると、とても心地よい。低い穴の中は眺めもまた一段と良い。ここにもっと大きな空間をつくり、テーブルセットを構えたいと創作意欲が湧いた私は、再度クライアントに相談。私の提案を快く受け入れていただき、感じるままに施工させてもらった。
夏は西日を遮り、涼しい空間になった。昼寝をしたり、夜空を眺めたりと多目的スペースとして活用してもらいたい。

Work collection 2

I am an eldest daughter. 「おねえちゃん」

おねえちゃん

わたしたちがお休みの日
パパはおしごとがんばってる
わたし、おねえちゃんだから
さみしがっているおとうとと
遊んであげなきゃ
ブランコだってゆずってあげるの
わたしはちいさい頃に
たくさん乗ったもんね
てつぼうもあればいいんだけど
こんど、パパにそうだんしよう
おとうとだってほしがると思うの
だから二つ、つけてもらわなきゃ

Reducing cost, depends on the idea.

Large garden that cleared problem.

アイデア次第でコスト削減、課題をクリアした大きな庭。

広い敷地に輸入住宅のみが建っていた。とにかく広いぼこぼこな土地を整地して、門柱・アプローチ・デッキ・カーポート、そして庭、すべてをつくった。

まず、動線を考え全体を構成した。

しかし、整地をする際、二点の課題があった。

構造物の基礎工事を施し樹木の植え穴を掘ると、大量の捨て土が出る。この捨て土を場外へ持ち出すだけで、かなりのコストがかかる。そこで私は、この土を利用して敷地内に丘をつくることにした。

もう一点は、敷地全体の排水。暗渠排水を設けようとしたが、これもまたコストがかかりすぎる。そこで、敷地の中心を少しだけ高くし、外へ向かって水が流れる構造にした。見た感じはわからない程度で、うまく排水ができるようになった。玄関までのアプローチに少し段ができているのはそのためだが、逆にそれがデザイン的にもお面白いものになった。

大人になってわかったこと

私が子供だった頃の父の顔を
あまり覚えてはいない
母子家庭のようだった
朝は早く、夜は遅い
小さかった私は
そんなこと理解できるわけはなく
夏休み明け、自慢話をする友人が
嫌で嫌で仕方なかった
でもね、お父さん
大人になってわかったことがあるの
お父さんも苦しかったこと
私たちのためにがんばっていたこと
苦労した分、今はのんびり
庭の手入れをする父を見ていると
なんだかうれしくなる
ありがとう、お父さん
私の自慢は、お父さんだよ

A place to gather all family. Here is the slow life stage.

家族みんなが集う場所、
ここはスローライフステージ。

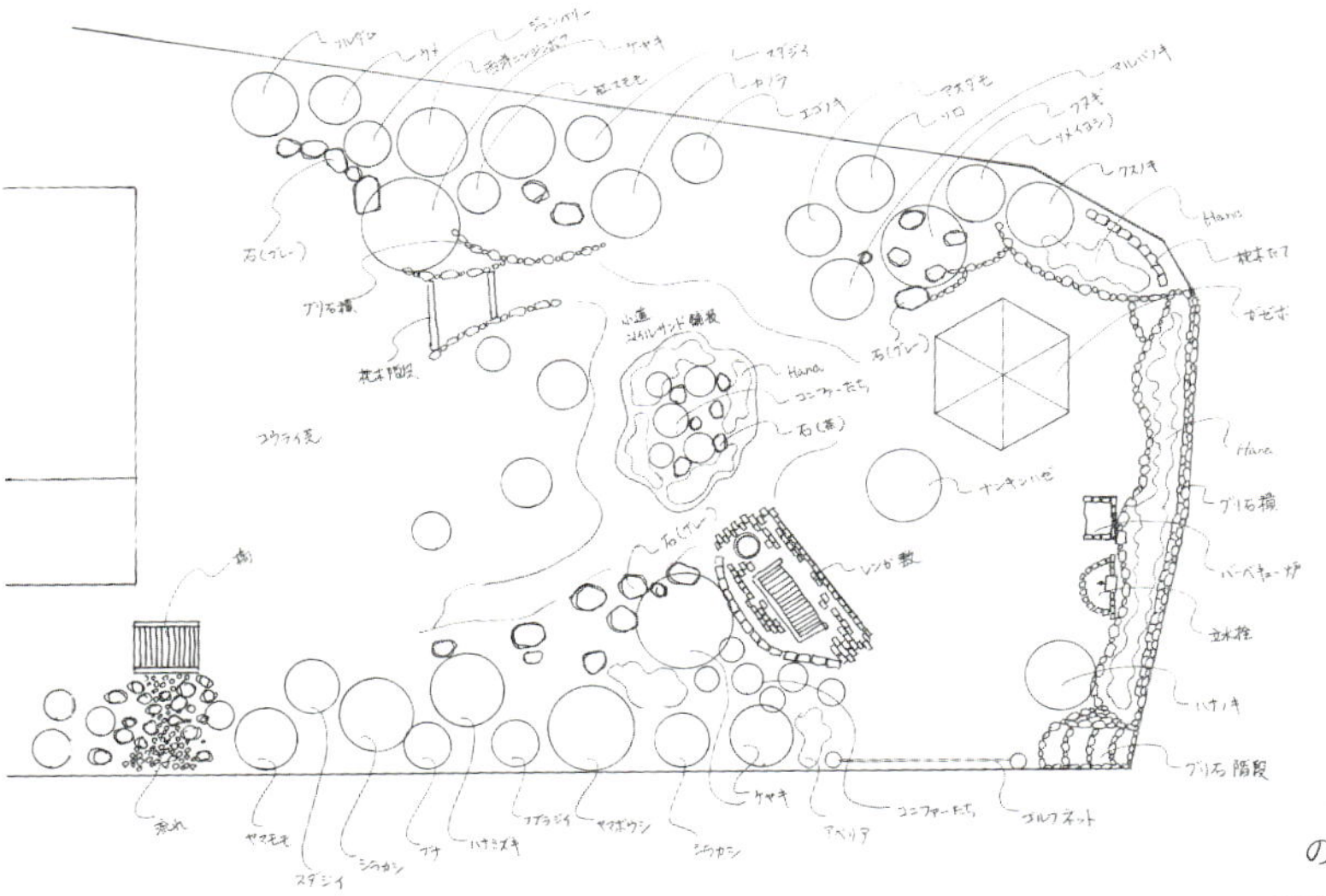

周りの山々が一望できる、約1200㎡の平たく造成された主庭スペース。家は和風。テーマは、スローライフ。ゆっくりと時間を過ごせる空間。

クライアントの希望はゴルフ練習のスペースとバーベキュー炉をつくること。あとは自由にデザインさせてもらった。和の家に合わせて、家の周りに数種類のもみじを植えた。その先に広がる主庭スペースとの境界に自然石をころがし橋を架け、枯れ山水のような演出をした。橋を渡り小道を抜けた先にガゼボをつくり、ベンチも設置した。ここでお茶を飲んだり、本を読んだりと、くつろげるスペースをつくった。

ゆっくり散歩できるように、地面に少し傾斜をつけ、雑木の根元には、季節ごとに咲く花々を散りばめるように植えた。どこから見ても良い風景になるように植栽し、庭全体に起伏もつけた。主庭の奥は赤土のままになっていて、山とつながっている。この赤土が流れてしまうのを防ぎ、山へ入りやすくするためにグリ石を積み、階段をつくった。

ライトアップされた夜の顔もまたおもむきがあって、くつろげる庭になった。

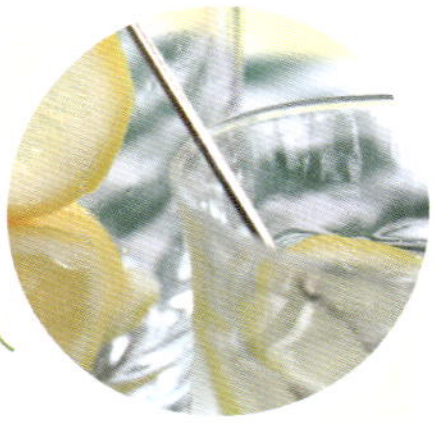

庭に住まう人

家族のちょっとドラマチック劇場

〜パパの変化〜

▼娘の見解

パパは、ほとんど家にいなかった。月に一度の休みはゴルフ。後はずっと、トラックに乗っていた。

ママと弟と私。家の中にはいつも三人。だから、日曜日にパパと遊んだ記憶はないし、会話した記憶さえあまりない。でも、最近のパパったら、庭に突然大きなミカンの木を植えたり、新しい芝刈り機を見つけては買っちゃうの。この間は、除草剤をまきすぎて枯らしてた。なんか、庭に情熱を注いでるみたいなのね。なかなかうまくいかないようだけど。

ママの趣味で庭をつくってもらったのだけど、今ではすっかりパパの趣味。コワモテのパパが一番好きな木は、実がなる木。昔のパパとは別人みたい。パパ、どうしちゃったんだろう?

▼妻の見解

昔はね、あの人仕事ばかりしていて、うちは母子家庭みたいなものだったのよ。早朝から深夜まで働いてたから。

でもね、最近なんだか変わったのよ。特に、庭ね。最初はゴルフの練習ができればいい、なんて言っていたのに、今では私より一生懸命ね。よく行くゴルフ場で、芝生のお手入れ方法を細かく聞いて、除草剤までもらってくるの。植木の本も買ってきて、熱心にお勉強。おかげで枝が、ほとんどなくなっちゃったわ。勝手に次から次へと木を植えちゃうし。実がなる木が好きみたいで、「自分で植えた木から採れた実はうまいなぁ」とか言いながら、おいしそうに食べてた。梅干しもパパが植えた梅の木からつくっているの。

この間テレビを見ていたら、「お母さん、今度この温泉に行こうね」だって。今までがんばってくれていた分、これからゆっくりと家族で過ごせるのかしらね。

▼当人(パパ)の見解

元々好きとよ、もみじとか桜とかね。庭は好きと。ただ、時間がなかったと。

家族に寂しい思いをさせているのは、わかっとったけど。娘が小さい頃、貧乏しとった時に「私の夢は、二階建ての大きな家に住んで、パパが高級車に乗ること」って言いよったけんね。家族がいたから、きつくてもやってこられた。一回血を吐いて倒れてね、手術したらすぐ治った。こんなところで倒れてられん。手術後は、女房がしいたけのおかゆを持たせてくれて、すぐまたトラック乗りよったけんね。気力と体力で乗り切ったとよ。

若い時に苦労して今を手に入れたけん、俺の自慢はこの家と庭、そして家族やね。娘とはすぐ口論になるけど、昔は会話する時間もなかったけんね。

俺が一生懸命庭をいじるもんだから、女房にもうっとおしいって思われとるかもしれんけど、女房だけでは水やりも芝の手入れも大変やからね。何事も一生懸命、自分でやらんと気が済まん性分っていうのもあるけどね。

もうすぐ孫が生まれてくるとよ。息子は別の所に住んでるけど、孫を連れてきてもらって、庭で一緒に遊んでやらないかん。芝が足りん所は足してやらないかんね。

花を植えるということ

上野　祐司

私が現場で花を植えていると、立ち止まる人、質問する人、天気の話をする人、色々な人がいる。無関心な人、忙しそうに大またで行く人、携帯電話のメールに夢中になっている人もいる。中には、花が大好きなんだなと思える人が、十人に一人はいる。花を見て嬉しそうな笑顔を見せる人に出会った時、私は幸せな気持ちになる。

最近、悲しい事件が多く、心が苦しくなる。幸せな世の中にならないものか。

私は、花や緑を増やしたら何かが変わっていくのではないかと思う。

花を見て笑顔になる人が増えて欲しいし、増やしたい。

花より団子という人もいるかもしれない(私は、花も団子もというタイプだが)。花ではお腹はふくれないが、視覚や嗅覚で花を感じた人の心は満たされる。大きな花、小さな花、つぼみや実、葉の色や形、そういうものに目を向けられる世の中になって欲しい。そうすれば、心が潤い、経済発展や、子供たちの情操教育にも役立つのではないか。朝顔が咲いたと喜んでいた子供の頃。そんな気持ちを大人になって忘れている人が多いのではないか。

もっともっと花や緑を植えて、心豊かな世の中にしていきたい。

Work collection 3

作品集 3

Our first baby 「初めての赤ちゃん」

初めての赤ちゃん

あの大きな木が、あなた
そこから伸びる枝が、わたし
その枝から芽を出した
ちいさなちいさなツボミは
きっとこの子かしらね

As far as we can see, there is blue sky.

Flatly spreading green space.

見渡す限り、青い空。フラットに広がる、緑の空間。

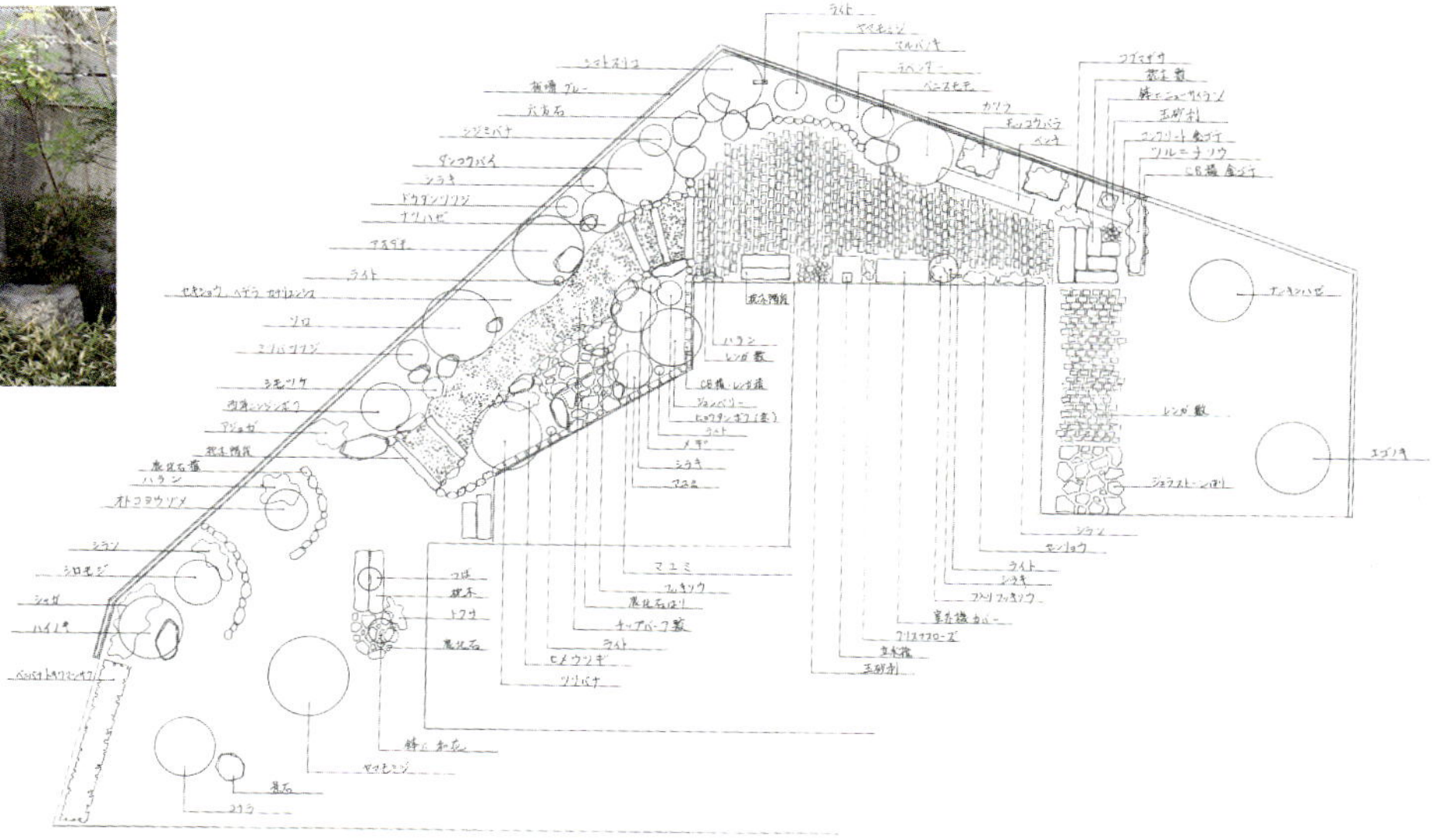

敷地のコンクリートの外壁から隣家の屋根が覗いていた。そこでコンクリートの壁は活かしつつ、青い空を感じる風景にするため、コンクリートに合わせてグレーに塗装した板壁を上に取り付けた。
クライアントは、ソファやチェアは使わない、視線の低いライフスタイル。リビングに座ってみると、元から取り付けられていたデッキの死角になり地面が見えない。ここの地面を高くし、座っても寝ころんでも植物を眺めることができるようにした。また、デッキの中央部分には階段を設置。ここに座ると緑に囲まれ、森林浴が楽しめる。
フォーカルポイントとして六方石を据えた。切れ目を入れてあるので、装飾のみならず、網を設置するとバーベキュー炉にもなる。

Affection from my child 「こころ水」

こころ水《みず》

仕事も好き
家事も育児も手を抜きたくない
忙しい毎日だけど
ふと窓に目をやると
広がる景色はとても優しい
緑が水をもらって輝いていた
視線を戻すと
得意げな娘の笑顔
ありがとう
私も娘に水をもらった気がした

SATOH

Design is infinity.

Doing best, after thinking out.

デザインは無限大。考え抜いて最善を尽くす。

この庭を手がけた時もそうだったのだが、私は平面図と立面図の両方を同時に考えデザインしている。

デザインを考える時は、現場を測量し、あらゆる方向から見て回る。それから写真に納め、スケッチブックにデッサンし、庭のイメージを膨らませる。

考えて考えて、夜眠れない日や朝いつもより早く目覚めてしまう日も少なくない。

そうやってデザインした庭が、イメージ通りに完成した時、喜びはひとしお。イメージと違った場合は、納得できるまで何度でもやり直す。

デザインは無限大。任せられた以上、私はベストな仕事をしなければならないのだ。

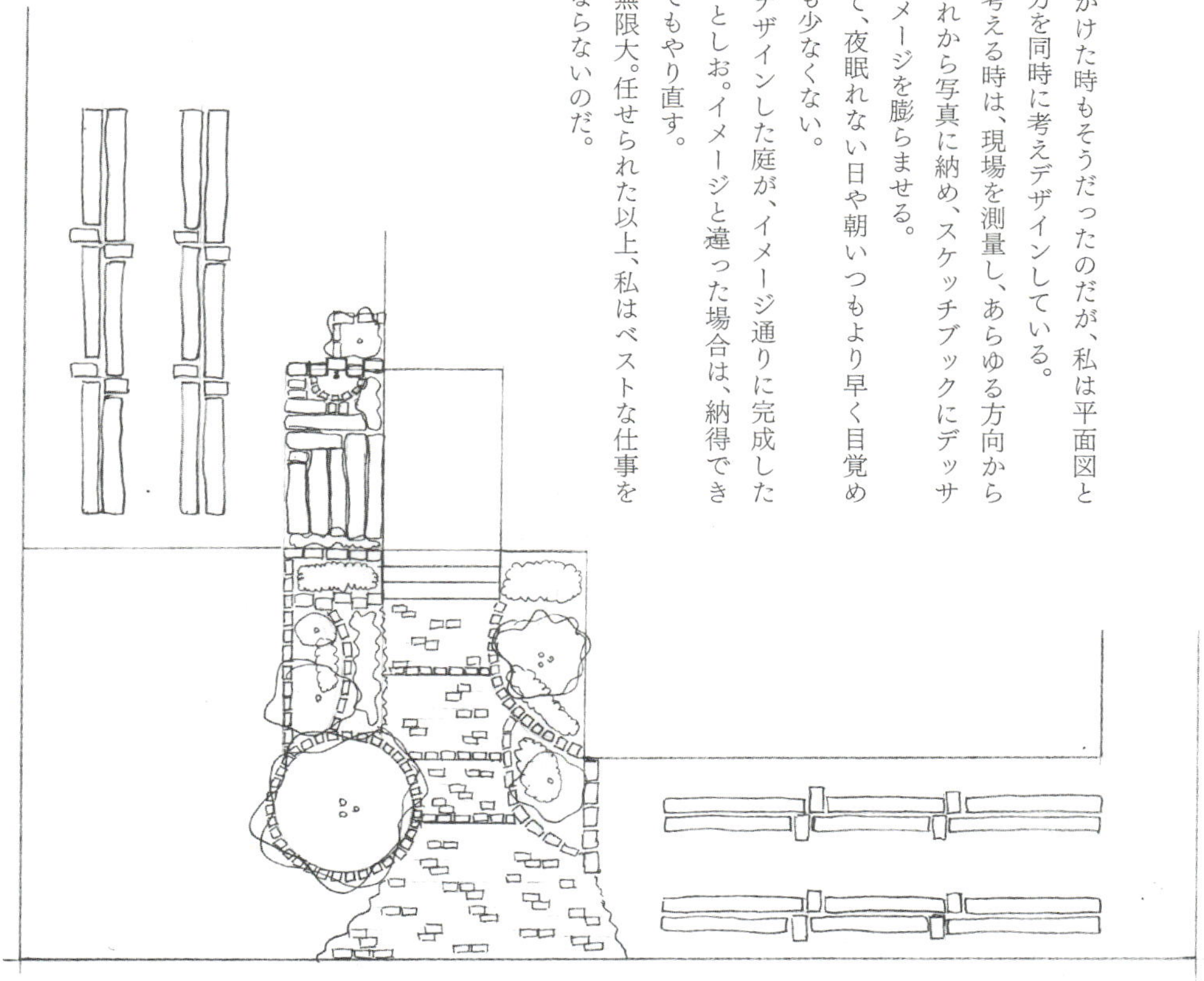

あたたかい残像

家も、この庭さえも
前より少し、広く感じる
季節は変わり
風景までも変わった
笑顔の残像
はじける笑い声が、耳に残る
娘はこの場所で、
お茶をいただくのが好きだった
プルルル…
国際電話のアナウンスの後
聞き覚えのある声がした
「お母さん、元気?」
思い出はいつもそばにある
夫婦みずいらず
明日は、あのひとと
ここでお茶をいただこうかしら

A place where time flows calmly
as if there is a park.

まるで公園のように、
穏やかな時間が流れる場所。

家は閑静な住宅街に位置し、上品で落ち着きのある建物。庭スペースには、すでに建築時に植えられた樹木が自然な形で育っていた。好みや趣味などのパーソナルデータを伺い、建物や周りの環境、敷地の形状や地形に合ったベストなデザインをさせてもらった。広い敷地だったので散歩道や休憩スペースと、空間を目的別に楽しめる公園のように仕上げた。

本や雑誌を持って、これをつくって欲しい、と依頼するクライアントより、期待して任せるという方のほうが多い。建物のデザイン、近隣状況、敷地の形、そしてクライアントの趣味・パーソナルデータによってベストプランを目指し、設計・施工をする。いくつもデザインを出すようなことはしない。ベストはひとつしかないからだ。そして予算に合わせて優先順位をつけ、一期・二期・三期と工事を進めていく。こちらの庭もあと、三期工事が残っている。

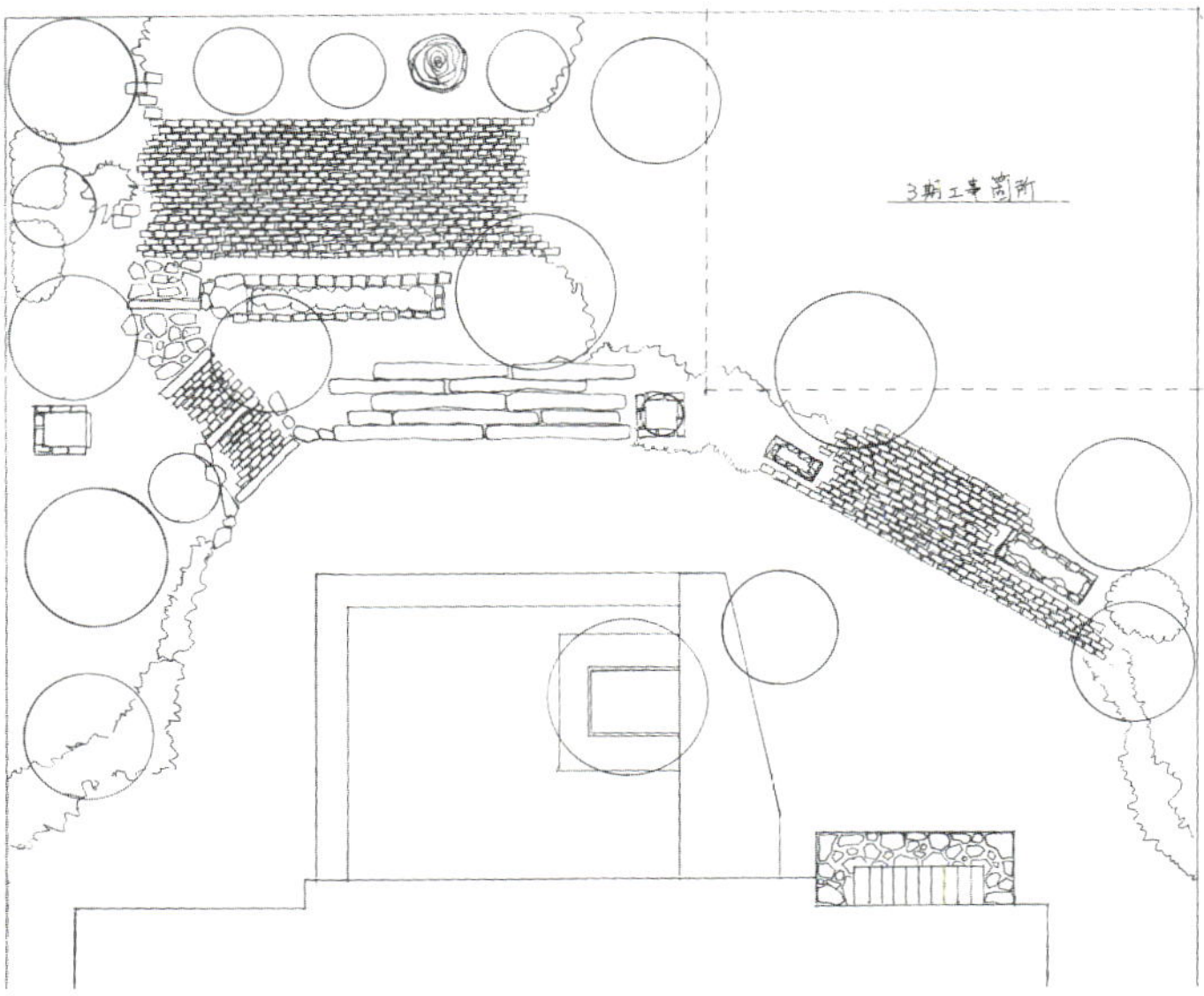

穏やかな午後

太陽をいっぱい浴びた草花が
風に吹かれて揺れるたび
穏やかな光を反射させ
元気な赤ちゃん産んでねって
応援してる気がするの
強く美しく根を張る植物
私といっしょね
この子が生まれてきたら
紹介するわ、あなたたちにも

A moment to enjoy dialogue with my born baby.

生まれてくる赤ちゃんと会話を楽しむひととき。

施工前はマメツゲの寄せ植えがあり、少し暗い雰囲気だった。産婦人科なので、明るくしたいという依頼。

外から病院の廊下が見えるので、目隠しとして明るいクリーム色に塗装した板塀を設置した。それを境に病院内から外の景色が楽しめるようにデザインし、植物を配置した。この板塀は部屋の壁をイメージ。出窓風にくりぬき、鉢を飾った。

方角的に日が差し込む時間が短いので、日陰を明るく見せるギボウシや斑入りのグランドカバーを使った。

病院の庭には他とは違った目的がある。妊婦さんがこの庭を眺めることで、穏やかなやすらぎを感じてもらえたり、生まれてきた赤ちゃんと、ここで記念写真を撮ってもらえたりしたら本望である。

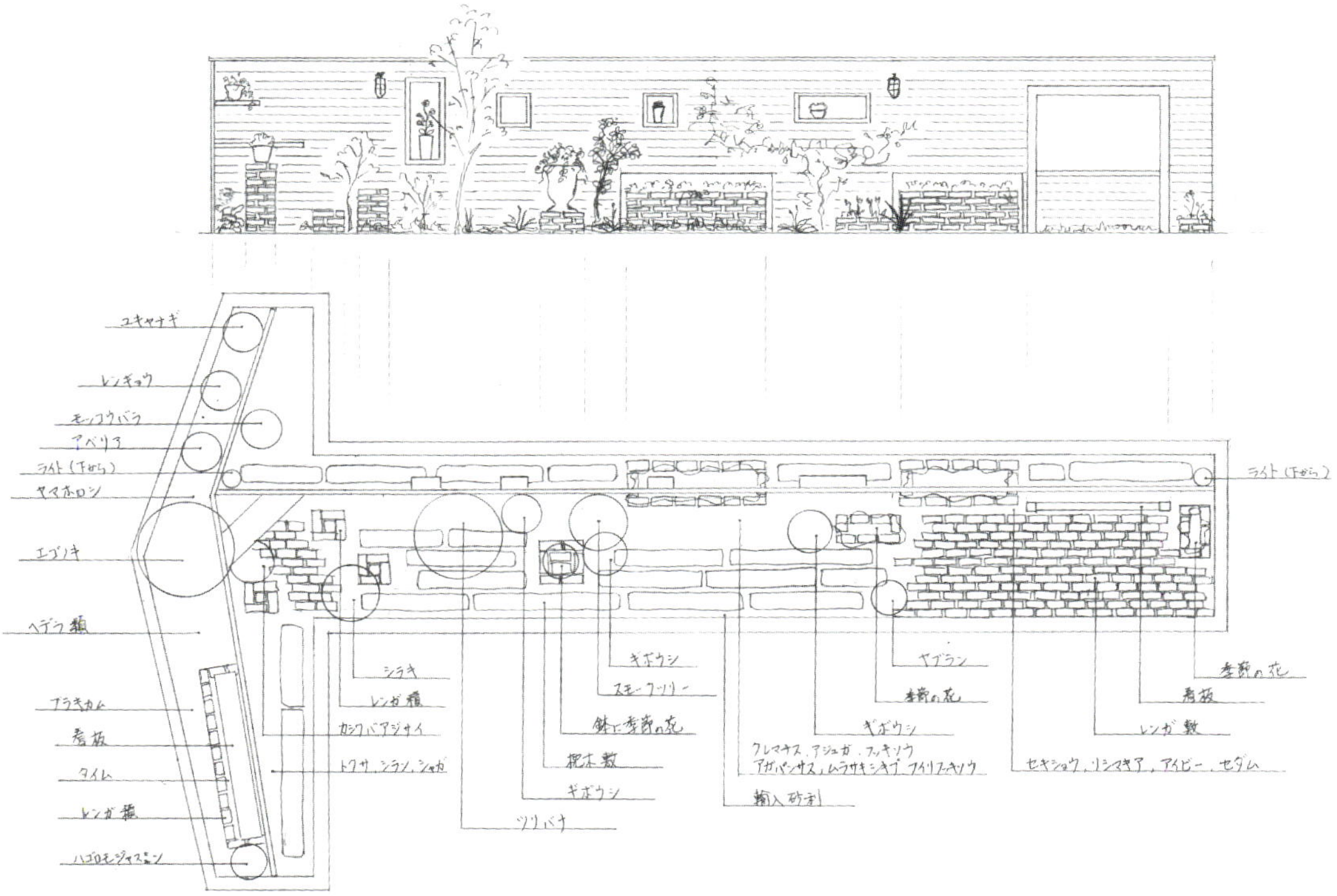

深呼吸のとき

大きな居間の先に
小さなオアシス
つかの間の静けさ
本日、三度目の洗濯を済ませ
独身時代にたしなんだ、
お茶を点て庭に出る
緑の苔を何気なく眺めて、深呼吸
描いた未来と少しかたちが違っても
それ以上のものがここにある
そろそろ子供たちが帰ってくる
さぁ、夕飯の支度を始めなきゃ

When beauty and function, both fulfilled.

This garden was completed.

美と機能、二つを兼ね備えた時、この庭は完成した。

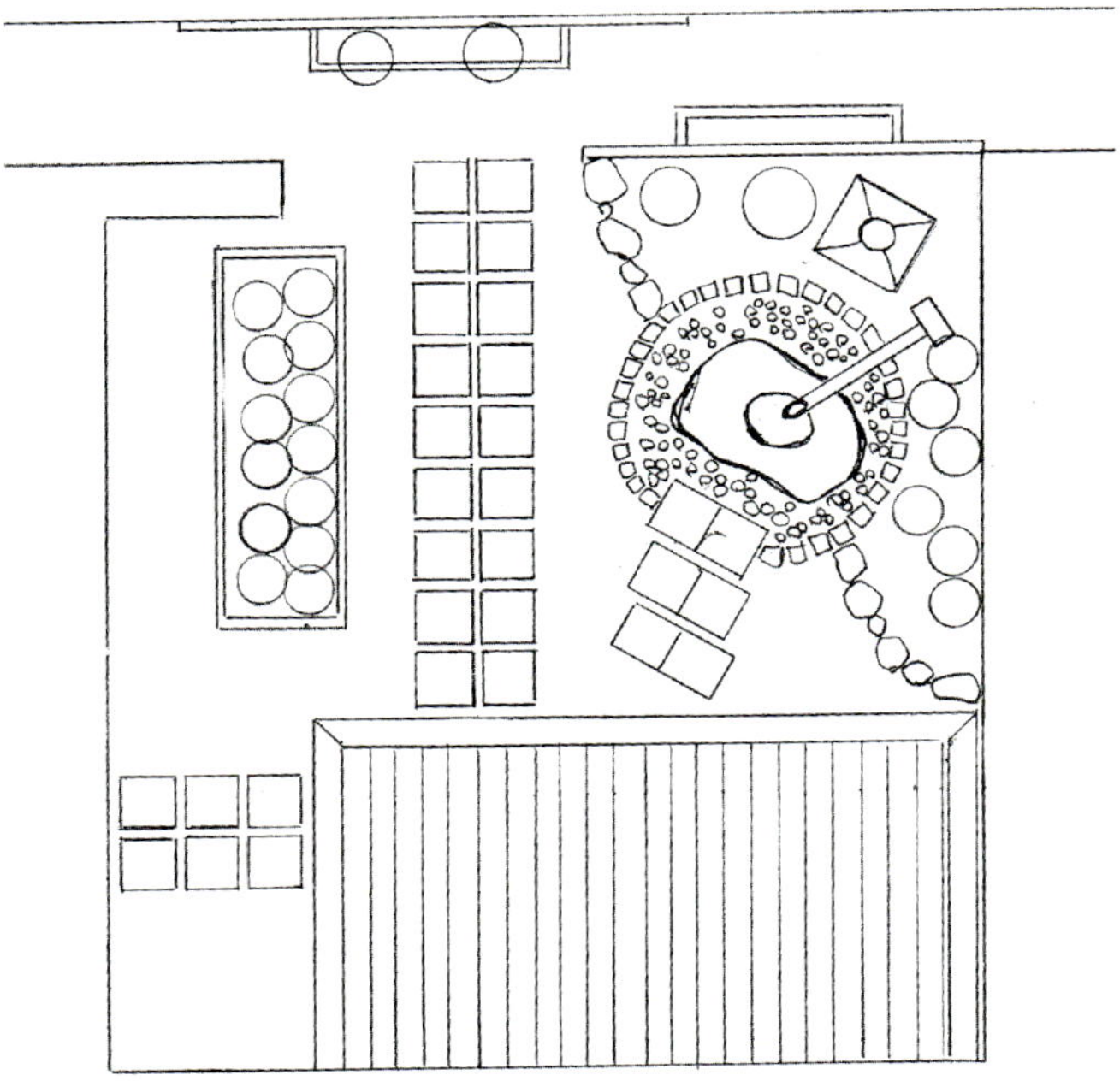

ビルの二階、居住スペースにある中庭づくり。奥様のご実家にあった灯籠と水鉢を使って、デザインして欲しいという依頼だった。和のテイストでモダンに美しく仕上げた。

まずは目障りになっている周りの建物を視界から削除するために、黒く塗装した板塀を使い、まっさらなキャンバスをつくった。

オリジナルの木のボックスに黒竹を植え、部屋への目隠しにした。

これの対角線上に風呂場の窓があるので、ここにも目隠しとして赤竹を植えた。板塀や竹は、目隠しの効果だけではなく、デッキ・コンクリート平板とともに、直線のラインを強調させ、灯籠と水鉢の曲線を引き立たせる役割も果たしている。

この水鉢を持ち込む際、大人六人がかりで運んだのだが、さすが主役だけにずっしりと重かった。

Eyes from his heart.　「こころの瞳」

こころの瞳《め》

マリーゴールドに
水やりをしていると
きれいだねって
ほめてくれた、あのひと
私はあのひとの目になった
買い物も散歩も家の中でも
いつもいっしょだったわね
あいかわらず
きれいだねって
ほめてくれた、あのひと
本当は私より
多くのものが
見えていたのかしらね

The spreading garden on the deck.

The another living for family to gather.

デッキの上に広がる庭。家族が集う、もうひとつのリビング。

目隠しの板塀、家とつながるデッキ、バラを這わせるためのパーゴラはクライアントの希望。

真っ直ぐではない敷地の形。土地を有効活用したかったので、敷地に合わせたデッキをオリジナルでつくった。

このデッキを囲むように板塀を設置。デッキと板塀の間に空間をつくり、植栽スペースにした。デッキから樹木が生えているように見せたかったので、コンクリートで筒をつくり、その中を土で上げ底にし樹木を植えた。サイドにも樹木と同様、草花の植栽スペースを設けシランなどを植えた。

デッキの上にレンガの花壇もつくった。アンティークレンガでつくった花壇は、デッキ下の地面から突き出させた。

デッキと花壇の境界線を自然に見せるため、セキショウ・リュウノヒゲなどを植えた。

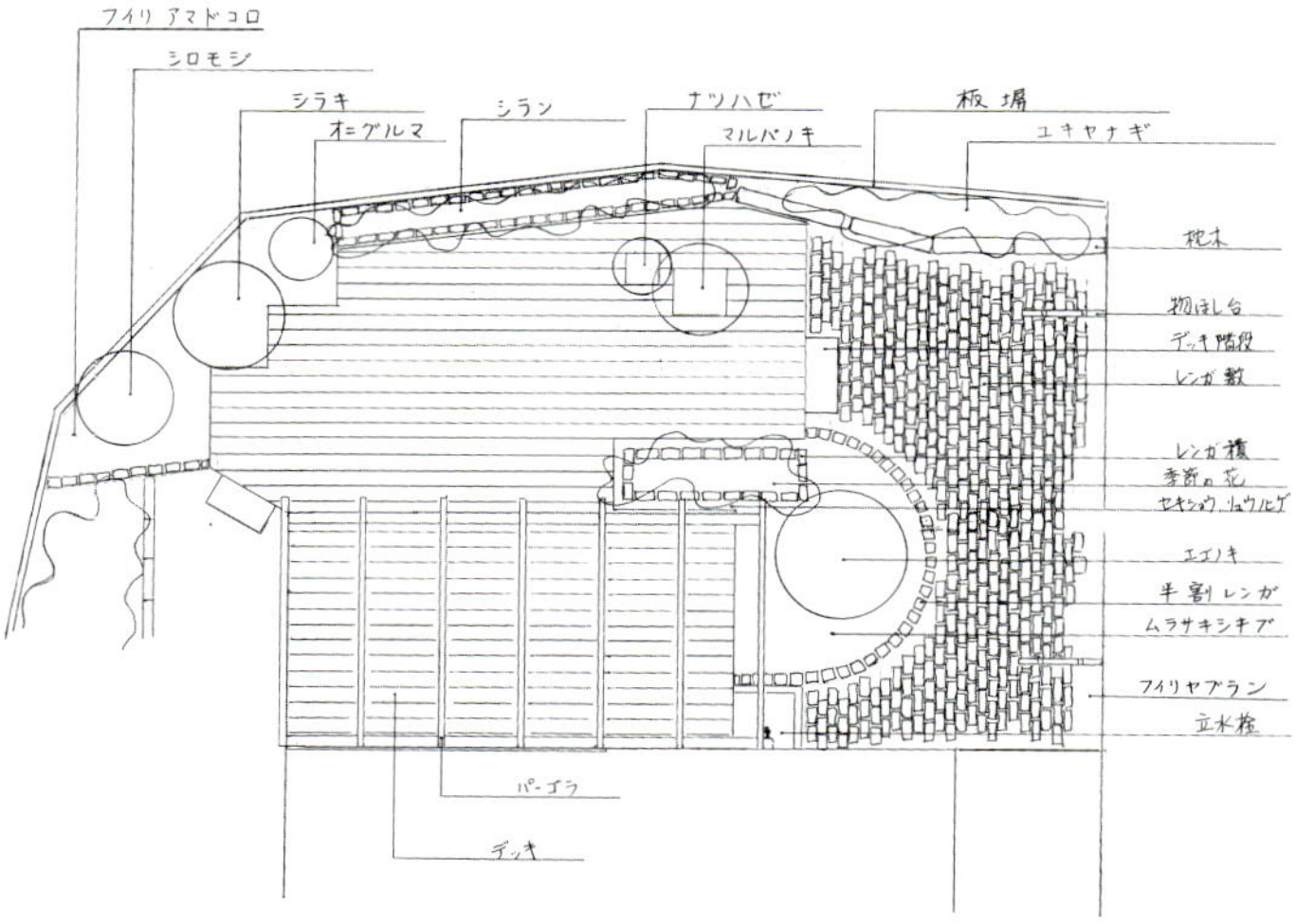

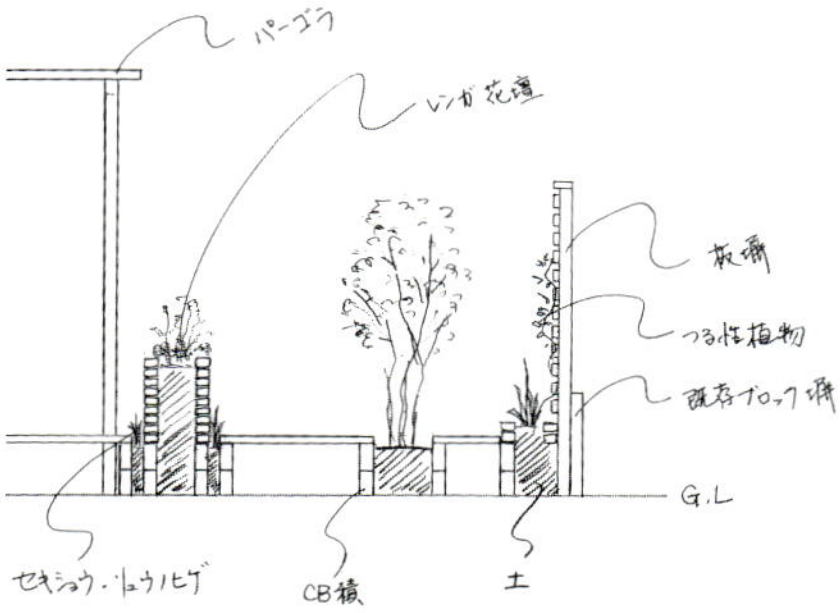

Work collection 3

An inheritance 「受け継がれていくもの」

受け継がれていくもの

休日、昼下がり
お気に入りの椅子を置き
お気に入りの紅茶をいただく
視線の先に、
確かな春の訪れを感じる
日常の追いかけっこから
しばしの間、解放される
うとうとしていると
聴き慣れた音色が耳に入る
ずっと変わらず私と歩いてきたもの
いまは娘が夢中になって弾いている
ピアノのように、この庭も
いつかこの子が
受け継いでくれるのでしょうね

An inheritance 「受け継がれていくもの」

Limited space, to use effectively.
Triangle is a space for healing.

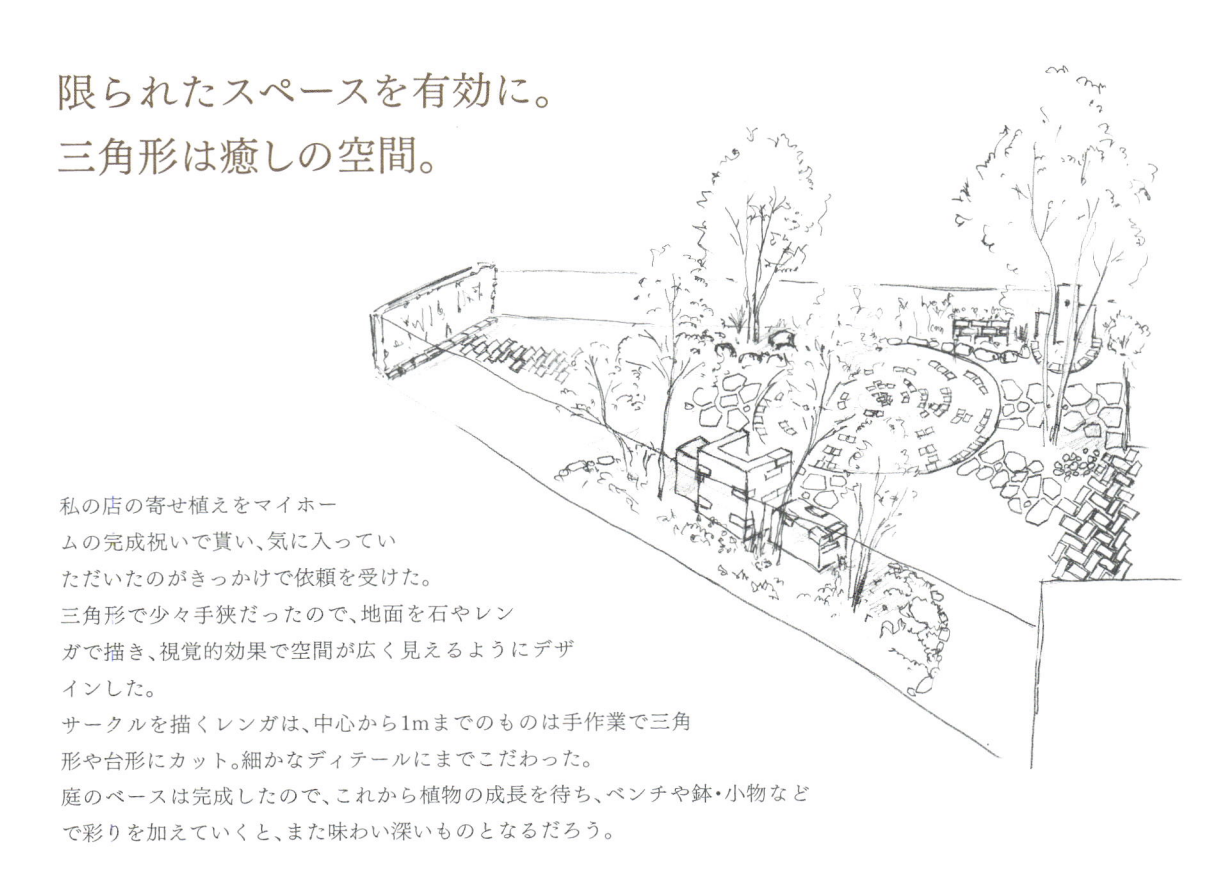

限られたスペースを有効に。
三角形は癒しの空間。

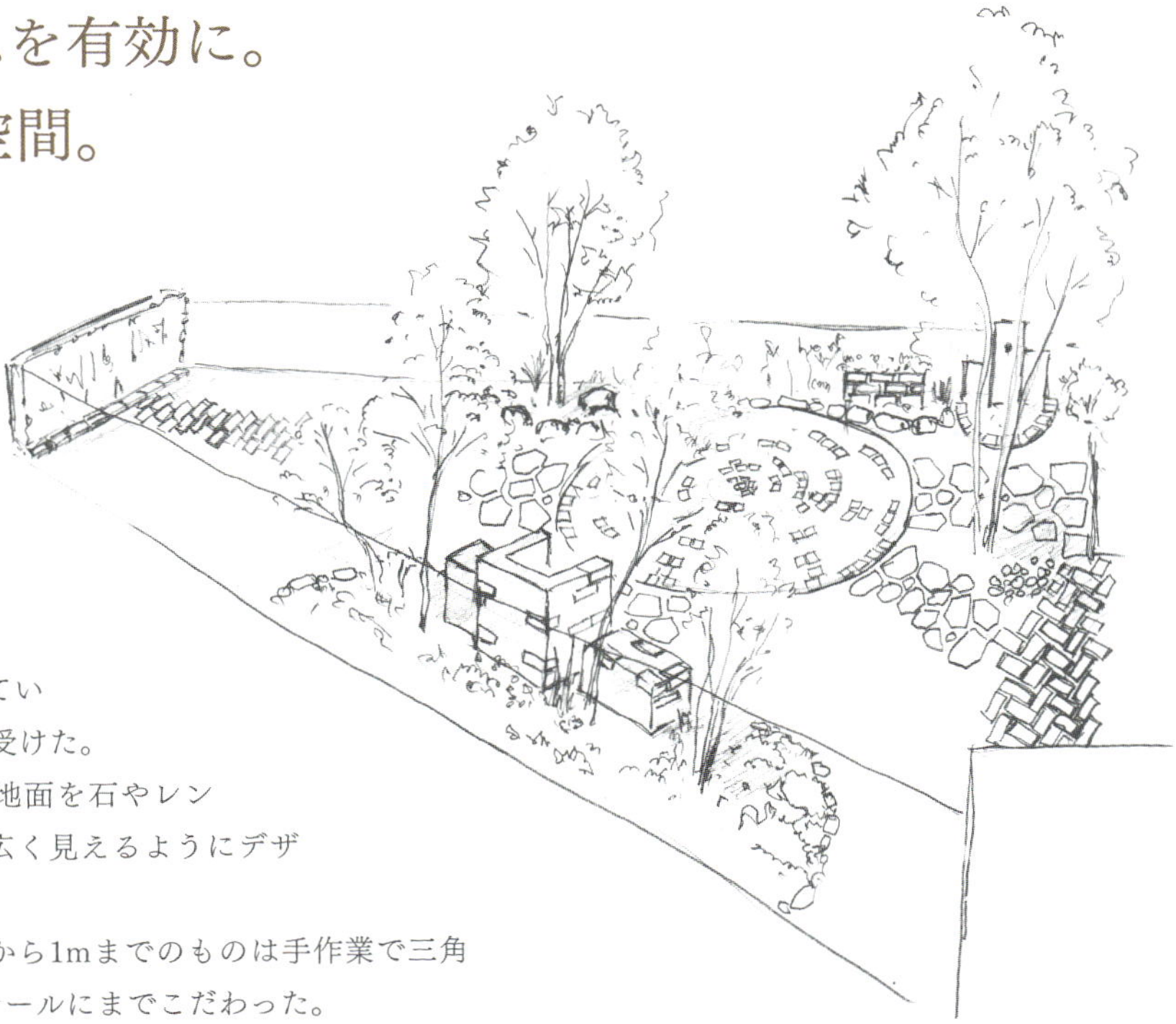

私の店の寄せ植えをマイホームの完成祝いで貰い、気に入っていただいたのがきっかけで依頼を受けた。
三角形で少々手狭だったので、地面を石やレンガで描き、視覚的効果で空間が広く見えるようにデザインした。
サークルを描くレンガは、中心から1mまでのものは手作業で三角形や台形にカット。細かなディテールにまでこだわった。
庭のベースは完成したので、これから植物の成長を待ち、ベンチや鉢・小物などで彩りを加えていくと、また味わい深いものとなるだろう。

風景をつくるということ

上野 祐司

橋をつくる人も、病院をつくる人も、ビル・マンションをつくる人も、個々の家をつくる人も、家の庭をつくる人も、家の外構をつくる人も、みんな景色をつくる人だと思う。建設業に限らず、看板をつくる人、外灯をつくる人、車をつくる人、自動販売機をデザインする人、他にもたくさん景色をつくる人がいる。

それらは、近くから見られたり、遠くから見られたり、時には高い所から見られたりする。つまりすべてが景色になる。景色をつくっているという意識をもって、自分の趣味に走りすぎて個性だと言い訳をするのではなく、その風景の中で生活する人のことを考える必要があるのではないか。

見た人が落ち着くもの、心地よいものにしよう。そう考え、庭という風景の一部を私はつくっている。

Work collection 4

作品集 4

A heart thief 「招かれざる客」

招かれざる客

平日は会社、休日は芝刈り
そんな私の自慢の庭で
今夜は一家団欒バーベキュー
なのに、近頃
やけに大人の顔をしている娘が
男友達を連れてくると言った
それはどういう友達なのか
聞きたいこと、山のごとし
ここは父親として
ガツンと威厳を示さなければ
「あなた、靴が逆ですよ」
妻は笑っていた
慌てて冷静を装う
妻にはすべてお見通しのようだ

An approach to garden from outside.
Bringing England in my memories, to my house.

外から庭へのアプローチ、
思い出のイギリスを我が家に。

植えてあったカイヅカイブキの生垣を抜き、外から庭へ入ることのできる入り口をつくった。

イギリスが好きな奥様のため、イギリス調にデザインしたアイアン製の扉付きアーチの制作を鉄職人に依頼した。

まずは扉付きアーチの位置の確認。入る角度をクライアントと相談しながら決定。コーナーは外からも魅せる空間にするため、コニファー類とコルジリネで演出。コニファーには多くの種類がある。色・成長も違い、伸び方も上に真っ直ぐ伸びるものや横に這うものと、特徴も様々で、組み合わせてレイアウトすると面白い。

キンメツゲの生垣とレンガで高さを出し、ダスティーミラーやグレゴマ、朝霧草などをグランドカバーとして植えた。魅せる所と隠す所を自然に演出し、周りの風景に溶け込むデザインになった。

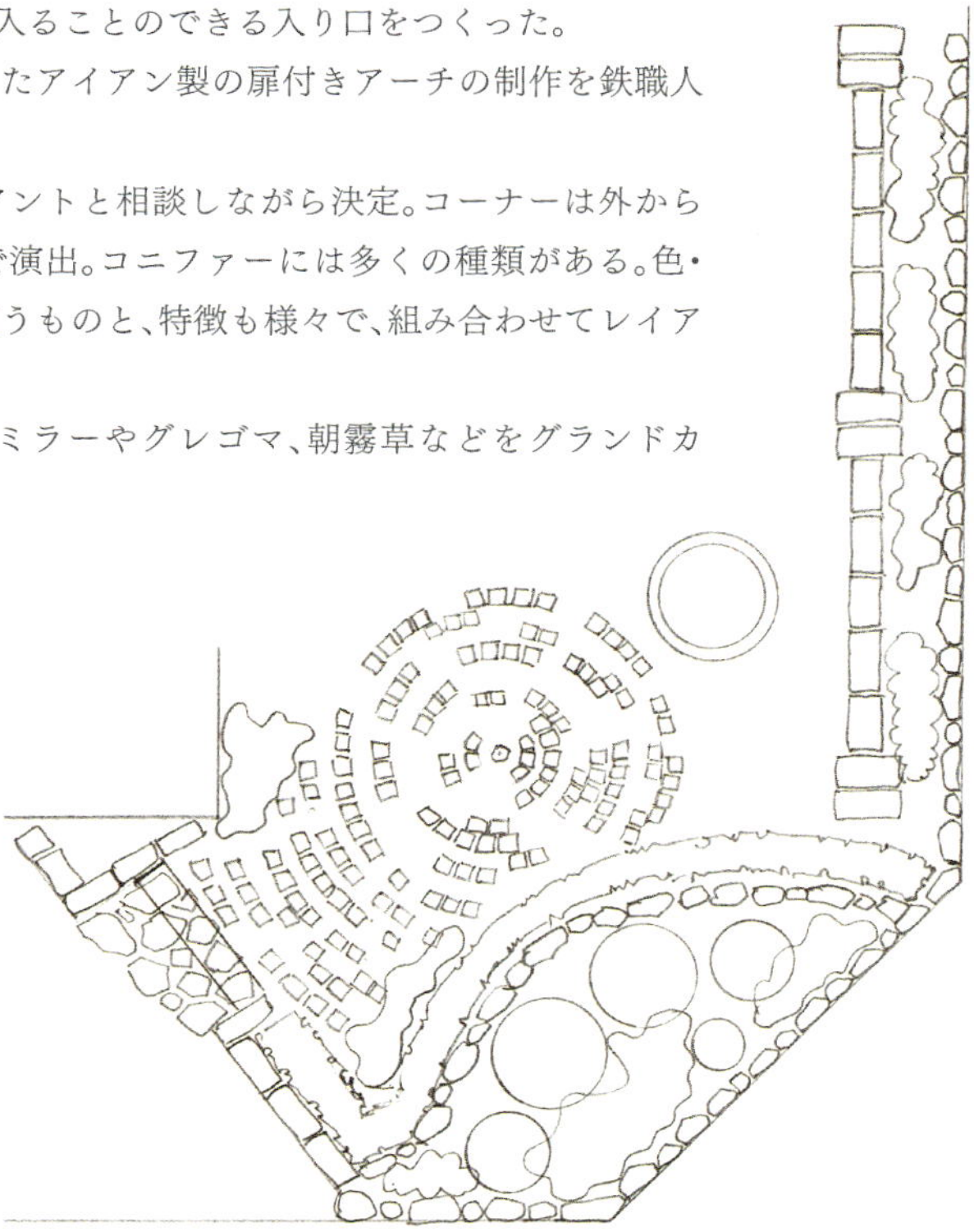

Memory of the lamp 「思い出ランプ」

思い出ランプ

庭にこぼれるやさしい灯り
我が家を照らす小さなランプ
二人で見つけた旅の記念品
あれから何年経っただろう

家族が増え
小さな灯火は
大きなぬくもりにかわった

二人の思い出は
いつしか四人の思い出になる

To vitalize space by switching idea from minus to plus.

マイナスをプラスに変える、発想の転換で、空間を活かす。

外構と庭、車二台分の車庫のトータルプロデュース。

車庫とアプローチは兼用。車庫部分を広くとるため、庭の入り口の階段はレンガでアーチ型にした。その両脇には、アンティークのレンガを曲線を描くように積み上げた。自然石を積み上げる時もそうだが、目地を綺麗におさえずに、わざとはみ出させたりして無造作に仕上げる。すると、表情が出て面白い。

アルミのカーポートの柱は、板でカバーするように巻きつけ、ナチュラルな雰囲気を演出。これに落ち着きのある赤のポストを合わせることによって、本来邪魔に思える柱が良いアクセントになった。

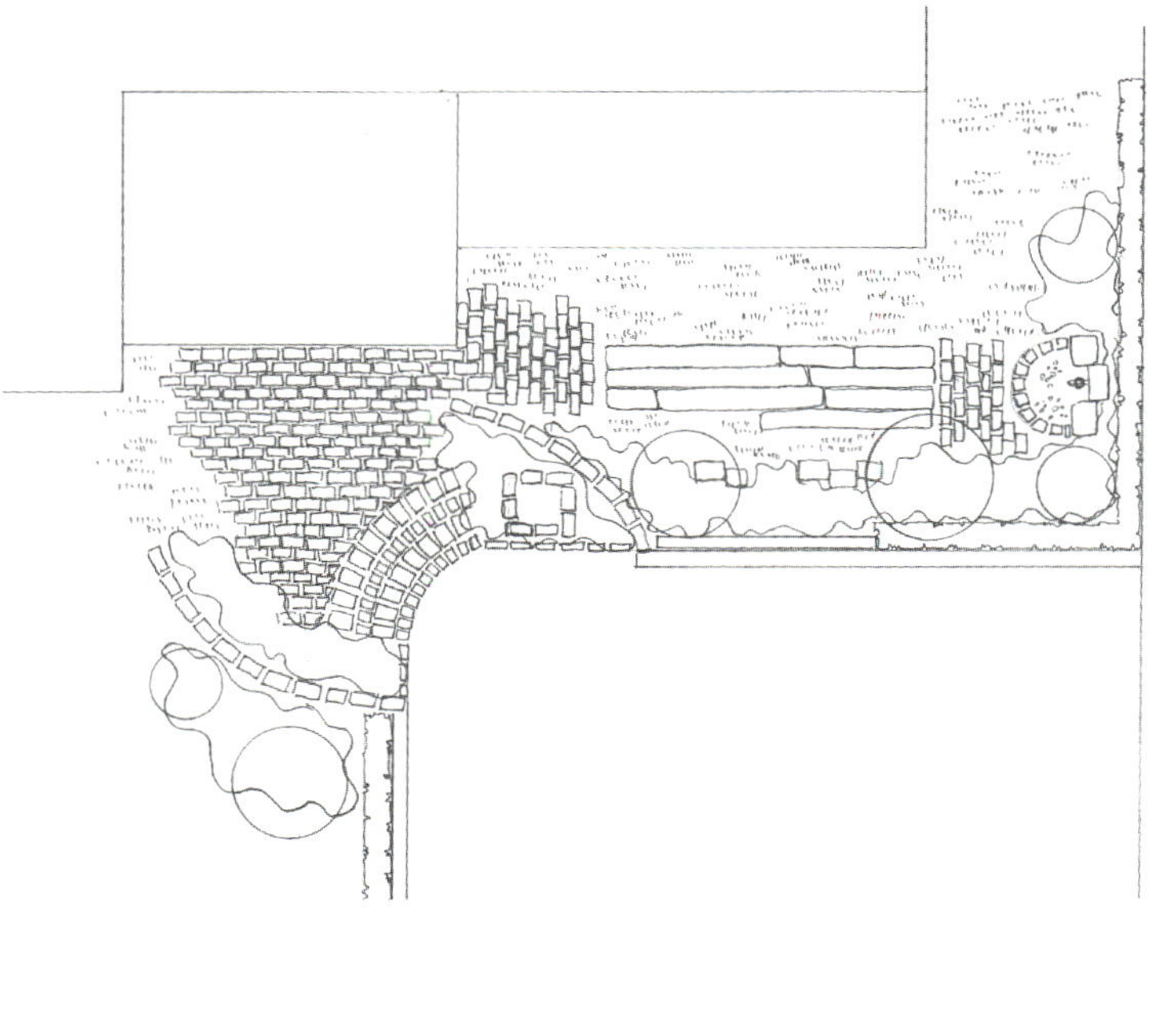

Wife with a scoop 「スコップと妻」

スコップと妻

何やら着々と
我が家の庭が完成へ向かっている
専門家に頼んだと言いながら
妻の片手にはスコップ
黙々と土いじりをこなす妻の額から
キラリと光る汗
そんな特技があったとは
割とマイペースで穏やかな妻を
スコップは変身ベルトのように
進化させている、今日この頃だ

Through lane in the forest, there is my home.

森の小道を抜けると、そこは我が家。

山の中に住みたかった、というクライアント。よって、テーマは、森の小道。

自然にできた山の起伏を盛土で表現。人の動線を考えて樹木を植えた。背の高い木から植えていき、グリ石を積み、目隠しにもなる板塀を設置した。

かちっとした雰囲気にしたくなかったので、門柱はアプローチ入り口からずらした位置に配置。アプローチはできるだけ長くなるように、家の玄関までカーブを描いて歩けるデザインにした。これらの効果により、門柱から家の玄関までのアプローチで、森の小道を歩いているような気分を味わうことができる。

表札も手づくり。クライアントのアイデアで、ご主人が幼い頃遊んでいたビー玉を使って照明をつくった。

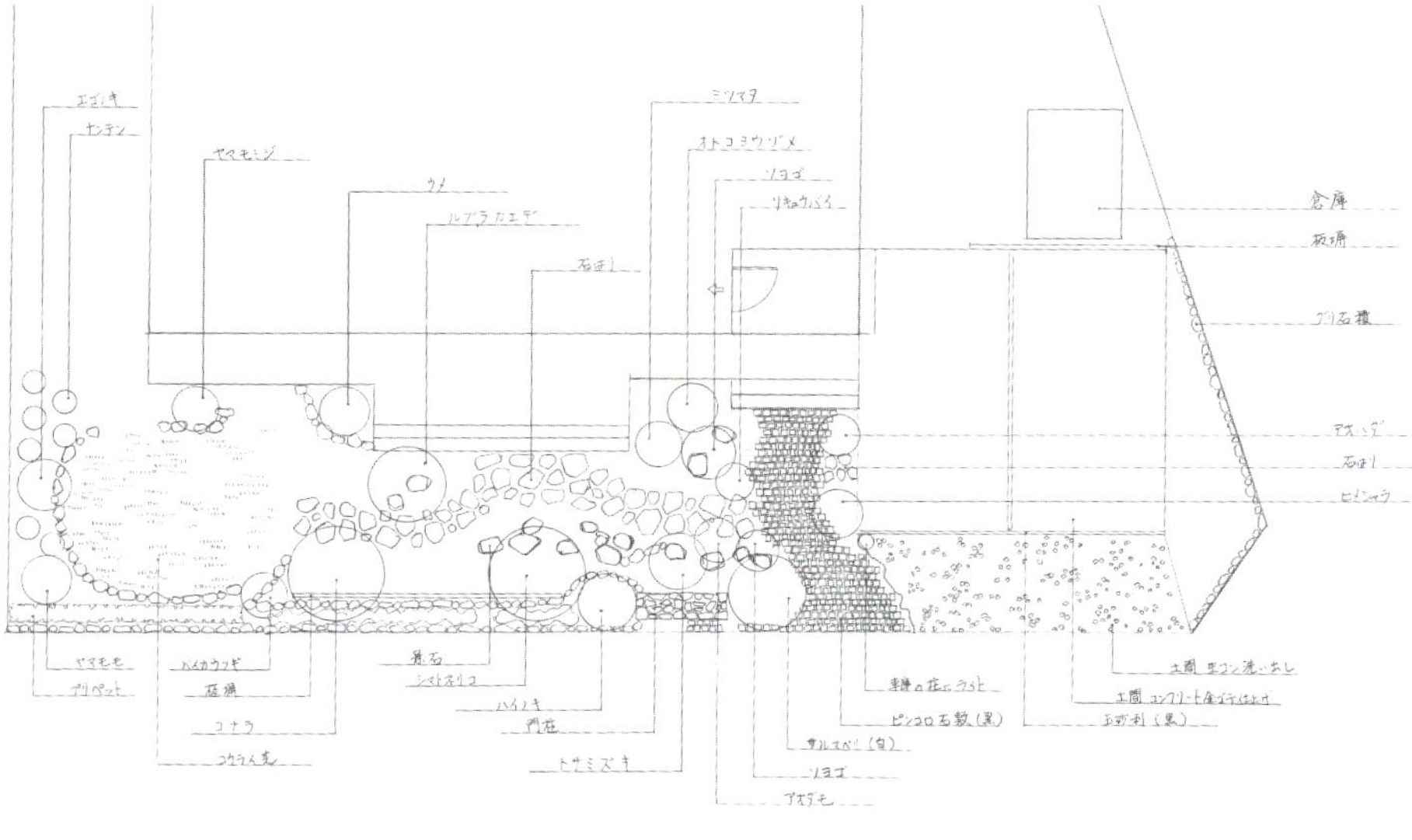

Work collection 4

My home 「帰る場所」

帰る場所

転勤族、仕事人間の
この俺に
庭が欲しい、と女房は言った
有無を言わさず単身赴任
都会でひとり、戦う戦士
多趣味な女房は
ゆうゆうハツラツ
娘たちも
部活やサークルと忙しい様子
孤独なのは俺だけか
とは言うものの
月に一度は帰る場所
我が家のオープンカフェで味わう、
妻の手づくりケーキは
俺の大好物だったりするのだ

The garden is filled with rooted flower and love.

根付いた草花と人の愛で、この庭は満たされる。

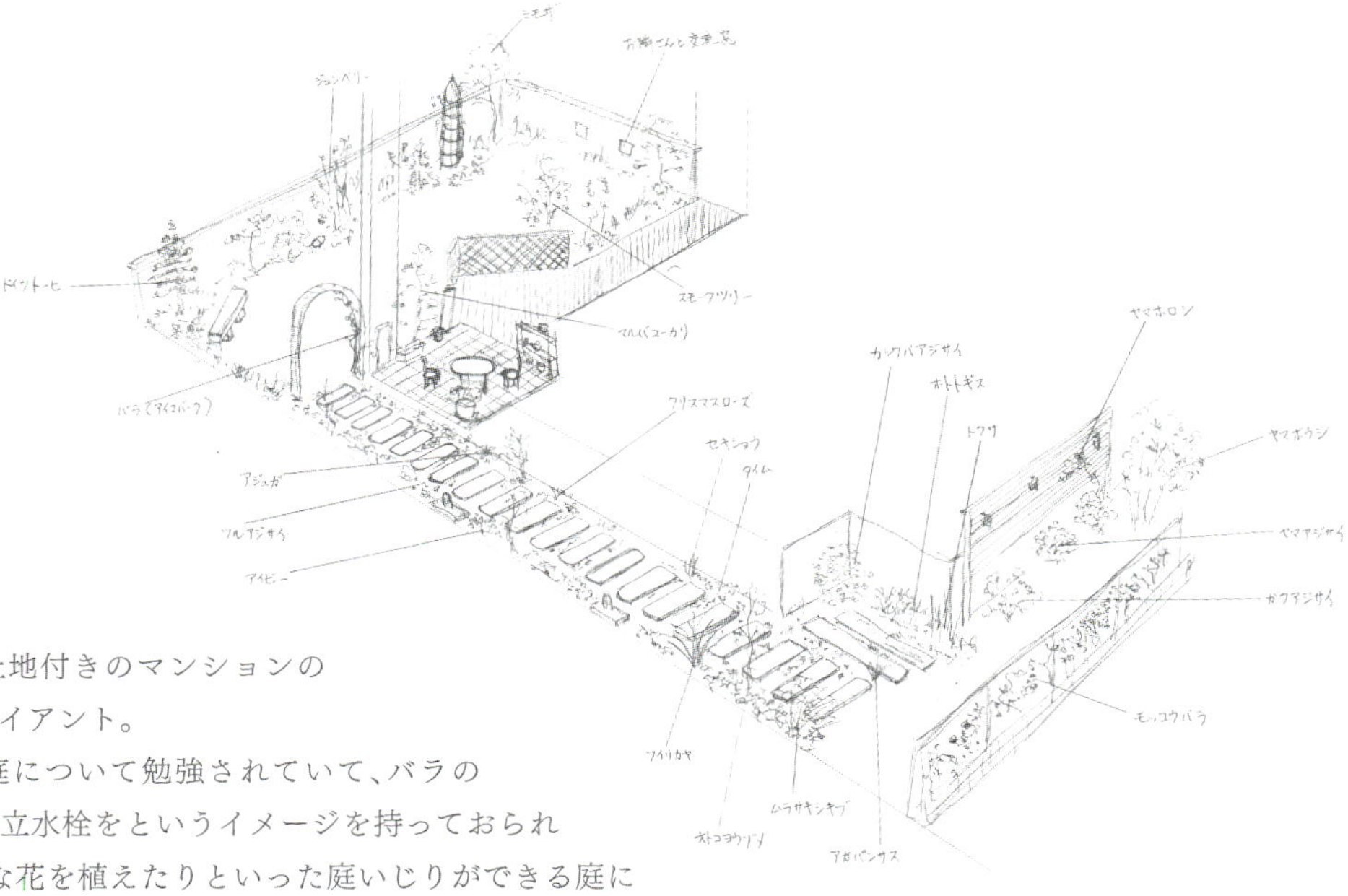

元々植物が好きで土地付きのマンションの一階を購入したクライアント。
奥様は雑誌などで庭について勉強されていて、バラのアーチやおしゃれな立水栓をというイメージを持っておられた。ご自分でも小さな花を植えたりといった庭いじりができる庭にしたいということだった。
奥様の考え方には共感が持てた。初めから大きな株の花は植えない。小さな株の花を好きな所に植えていく。元気に育つものはここに合うということ、枯れてなくなっていくものは合わないということ。そうやって少しずつ、根付いてくれた植物たちがこの庭を完成させていくのだろう。工事完了後も時折様子を見に行くのだが、庭は順調に育っていて、とてもいい状態である。

Work collection 4

Diary of growth 「子育て日記」

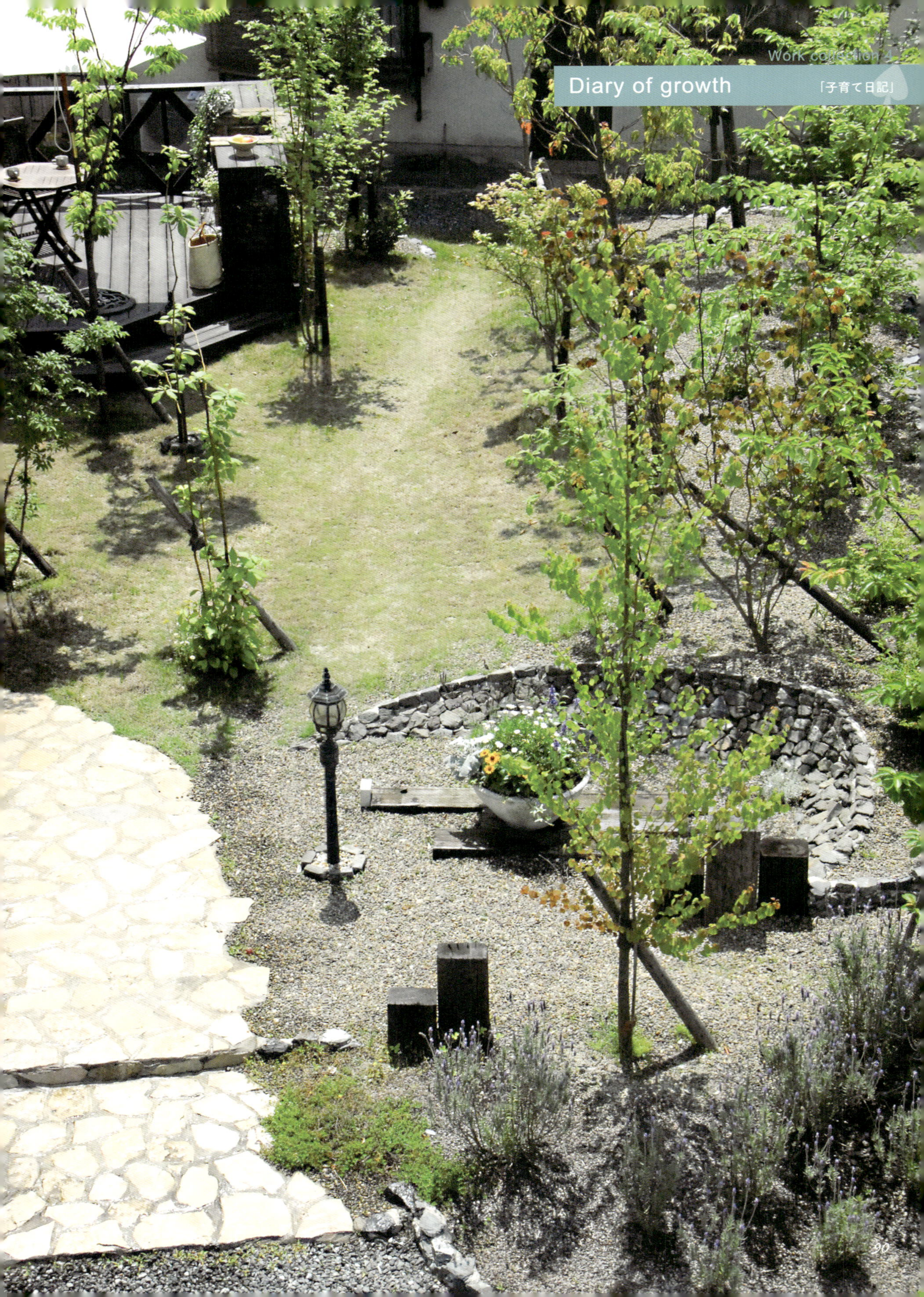

子育て日記

最近、
この子も友達を
家に連れてくるようになった
昨日は小鳥さん、今日は狸さん
何やら楽しそうに戯れていた
風が吹き、雨が降るたび、
大事はないかと気が気じゃない
そんな心配をよそに
木はどんどん大きくなった
ひとりで成長した顔しやがって…

木は強い
人間はどうだろう

The plants and stones, for this garden.
Here is calm timeless summer resort.

植物も石も、この庭のために。
ここは、緩やかな時間が流れる避暑地。

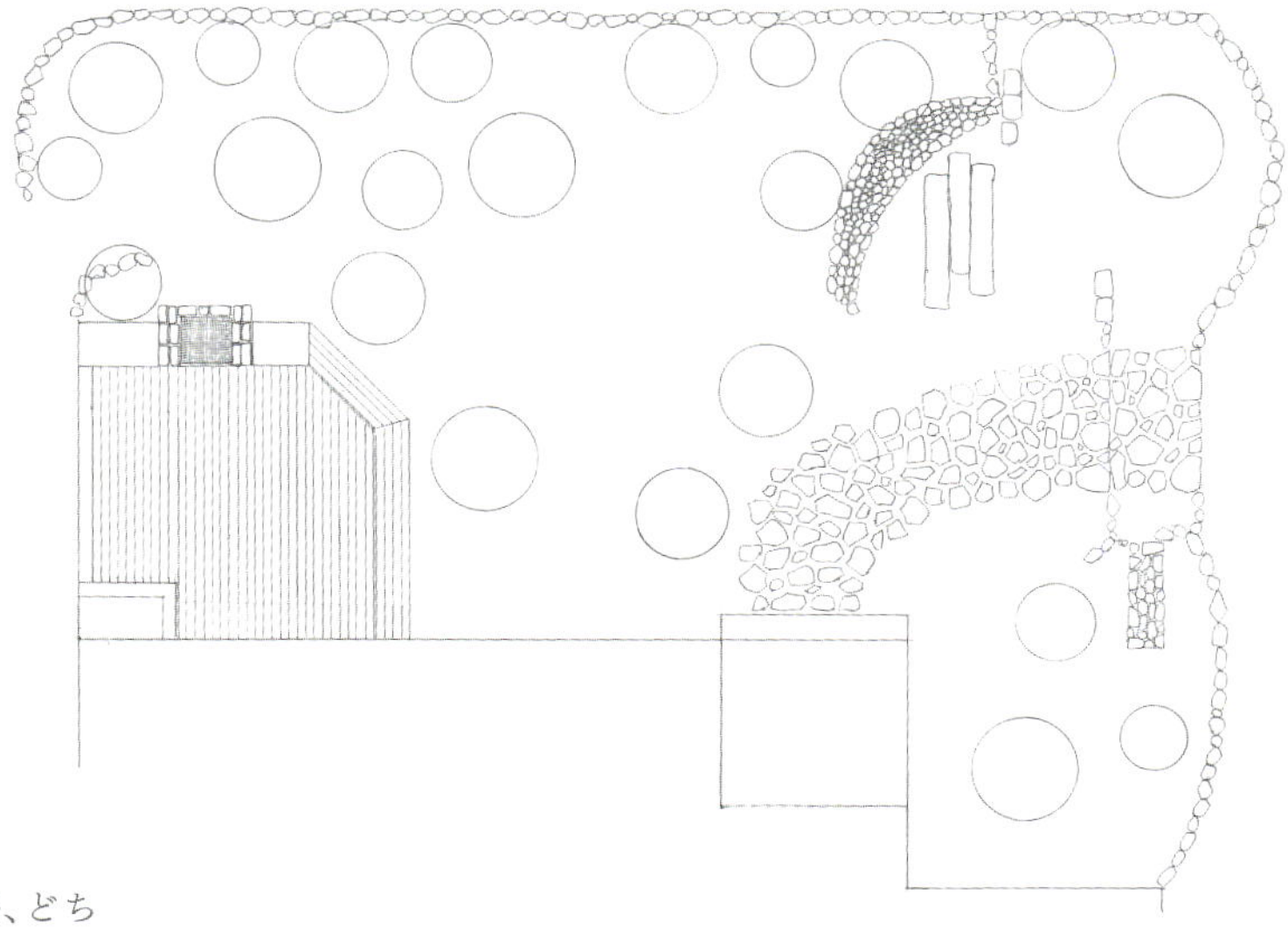

イメージしたのは、避暑地のテラス。

末永く植物が生長できるように、元の地面をほぐし、盛り土をして植樹。20種ほどの樹木を植えた。

土壌改良には、パーライト・バーク堆肥・ウッドエースなどを調合して使用した。

樹木たちが成長し、隣の枝と交差した際、どちらの枝が上を行くのか話し合いながら伸びていって欲しいと思う。

アプローチの石はフランス、門柱の石は中国のもの。この庭のために船に揺られて海を越え、ここにやって来たのだろう。

Work collection 4

Life like a roadrace. 「ロードレース」

ロードレース

何の保証もない俺に
あいつはついて来ると言った
たとえるなら
ガソリン、ハイオク満タン
注ぎ込まれたガソリンは
エンジン内部で点火、爆発
前へと進むエネルギーになった
そして手に入れたこの庭は
そんな二人の休憩ポイント
つかの間の休息を与えてくれる
家族を乗せた
人生のロードレースを
時に二人で休憩しながら
ともにゴールまで走り続けよう

With the tone of George Winston's piano.

ジョージ・ウィンストンのピアノの音色に乗せて。

テーマは、ジョージ・ウィンストンのピアノの音色が、静かに流れているような空間。どこに視線をやっても美しく見えるように、シンプルなウリン材の板塀で背景をつくった。もちろん、隣家との目隠し効果もある。その手前に置くアンティークのテーブルセットが少しだけ見えるように、石積みとハイノキで軽い目隠しを施した。チェアに腰掛けた際は、緑と木目に包まれている感覚が味わえる。夜のライティングは、あたたかみと反射光で幻想的かつスタイリッシュなイメージに仕上げた。昼も夜も会話の弾む空間の演出を施している。

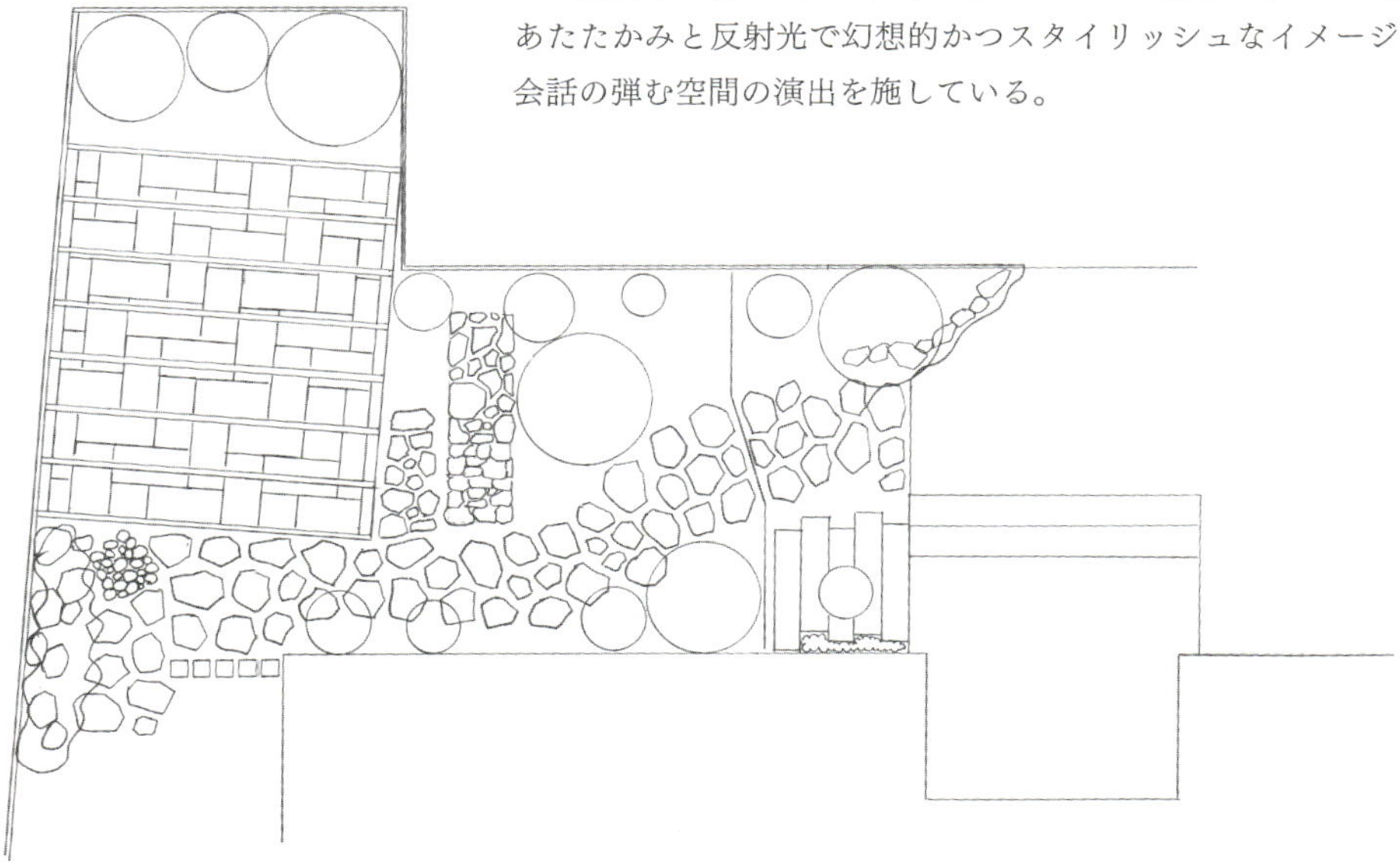

庭に住まう人

夫婦のちょっとドラマチック劇場

〜彼女と俺のスタートライン〜

その日、知人の結婚式と二次会が三本も入っていた。彼女とは二本目の二次会の店で出会った。しかし、彼女は参加者というわけではなかった。二次会会場であるその店は、彼女の友達が働いていて、たまたま呼ばれて来ていた。同じ参加者だと思い込んでいた俺は、いつの間にか彼女とカウンターで色々な話をしていた。偶然にもお互い、昔住んでいた実家が近かったことが判明。

その近辺には川があった。

「川で一緒に遊ばなかった?」

彼女に聞かれ、思い出した。確かに一度だけ、女の子が一人混ざって川で遊んだことがあった。当時、彼女が五歳、俺が七歳の頃だった。

幼い頃、たった一度だけ遊んだことのあった彼女。奇跡的な再会をした俺たちは、それからたまに会うようになった。当時、俺には付き合っている女性がいた。再会した彼女は、妹みたいな存在だった。

ある休日のこと。

俺は彼女との待ち合わせをすっかり忘れてしまっていた。それに気付いたのは約束の時間から三時間後。待っているわけはないが、とにかく俺は無我夢中で車を走らせた。

驚いたことに、彼女は待っていてくれた。

冬の夜に三時間！　こんなに暗くて寒い中、ずっと俺のことを待っていてくれた！

彼女は、俺の顔を見るなり泣き出した。

体中の神経が奮い立つのを感じた。俺には、こいつしかいない。こいつのためならいくらでもがんばれる、そう思ったのだ。

そして俺は、長年付き合った女性と別れた。どのみち時間の問題だった。別れたり戻ったりを繰り返し、いつの間にか十年経っていた。恋愛は、時間や思い出だけでは計れない。未来の想像ができることが大切だと、彼女が教えてくれたのだ。

付き合い出して初めての正月。一緒に初詣に行く約束をしていた彼女を家まで迎えに行った。

すると、どういうわけか彼女は出てこない。彼女の母親は俺を家の中へ案内した。

家に上がる心構えまではできていない。客間に正座すると、四方を囲む襖がピシッピシッと閉められ、俺は監禁状態になった。同時に開いた全身の毛穴。じわじわとにじむ汗。何が始まるのか。緊張と恐怖が襲う。

そのまま待っていると、ついに彼女の父親が登場。採用試験のような面接が始まったのだ。拷問のような質問攻め。ホームドラマでやっているそれに限りなく似た情景がそこに広がっていた。

かくして、俺は彼女に聞いた。

「俺についてくると、苦労すると思う。それでも、いいか?」

妻とともに走り続けて二十年。ともに仕事をする戦友である妻は、相変わらずキラキラしている。そんな彼女の誕生日に俺は家の鍵を贈った。喜んだ妻は庭が欲しいと言った。俺は、彼女に任せた。俺が仕事で不在中、妻は立派に庭を完成させていた。

仕事と家庭。忙しい毎日の中、時間をつくり庭を楽しむ妻の姿。チェアに腰掛け笑顔を見せる妻は、相変わらず私にエネルギーを与えていた。

人生はロードレース。その休憩ポイントのような庭。俺にとっても、まんざら悪くないと思う今日この頃である。

Short story

ショートストーリー

A Cake, a garden, and a big tree.

ケーキと庭と大きな木

ケーキと庭と大きな木

「庭をつくるつもりはなかったの」

地元では知らない人を探す方が難しいほど人気のケーキ店、『セゾン』の奥さんの第一声は、それだった。

「プロに頼んだら、お金がかかるでしょ?」

上野氏を目の前にして、威勢のいい奥さんだ。
街ですれ違ったら、振り向いて目で追ってしまいそうになるほどの、凛とした目鼻立ちのクールビューティーといったところ。そんな美人が口を開いた瞬間に、ある意味その魅力は気持ちよく裏切られ、全開した。

「そんなお金があったなら、お客様にお返ししたいの!」

このお店がなぜこんなにも絶賛されているのか?
私は思った。ケーキやお菓子がおいしいだけではない。どうやら、この奥さんに秘密があるのかもしれない。

今から十九年前。
パティシエである最愛のご主人と、今のセゾンから少し離れた場所でケーキ店を始めた。
間もなくして、父が亡くなった。
資本金もなく、誰からの支援もない。
若いふたりの精一杯が、いっぱい詰まった、たった四坪の店。

まさに『ゼロからのスタート』だった。

日々は忙しく、食事やお風呂に入ることさえ惜しむほどの毎日をがむしゃらに生きていた。

そんなふたりには、夢があった。

いつの日か、広い土地にお店を移転すること。

お客様にゆっくりお菓子を選んでいただけるように。


「通りを通るたびに、気になる空き地があったの」

背の高い木が一本立っている、通りに面した広い空き地。

『売地』の看板。


「あの木が、俺を呼んでいる！」

と、ご主人。

「そんな訳ないじゃない…」

そう言いながらも、どこか気になるその空き地。

空き地にあった看板の連絡先に、問い合わせてみることにした。


購入価格、一億円！

ケーキ一個、三百円。


『ゼロからのスタート』をきったふたりは、がむしゃらに働いた結果、すでに『ゼロ』ではなかった。とはいうものの、一億円の土地を平気で買うほどの余裕はなかった。

その木は、比較的フラットな街並みの中で、ひときわ存在を主張していた。


「木の頭が電線にぶつかっていて、痛そうだったの」

眉をしかめて、奥さんは言った。

それから、ふたりの心はその一本の木に奪われっぱなしだった。

「あの木さぁ…」


ふたりの心は決まっていた。

清水の舞台から飛び降りる。そんな気持ちだった。


新しい店を構える。

ふたりの店の設計の条件は、木を残すこと。

できあがった建物は、その大きなのっぽの木を囲むょうに、緩いカーブを描いていた。

その木はやがて、セゾンのシンボルとなった。


しかし、一つ問題があった。

敷地内に駐車場を完備することはできたが、通り抜けができないため、バックで出車しなければならない。困難を要するのでスタッフ総出で「オーライ」とお見送りするのが日課となった。

このままでは、お客様にご迷惑がかかる。

「駐車場の裏の土地を通り抜けられればいいのに」

奥さんは強く心に願った。

当時この土地は別の駐車場になっていて、敷地内には小屋もあった。


がんばっている人の願いは叶う。

ひとりの見知らぬ男性が、奥さんを訪ねてきた。


「あなたが、セゾンの奥様ですか？」

「そうですけど、何か？」

奥さんは若く、美人だった。

あなたが？ とバカにされた気がして、少しプンとなった。

「突然、訪ねてきてしまってすみません。私はこの裏の土地の地主です」

奥さんはご主人をあわてて呼んできた。

この地主、セゾンのお客様に聞いて尋ねてきた。たまたま出席した同窓会で話が出たらしい。きっとその人も奥さんと同様、駐車場のことを考えていたのだろう。人と人とのつながり、そしてこの木が引き合わせてくれたのかもしれない。

「でも、土地は買えませんよ」奥さんは言った。ただでさえ、一億の土地の一生分のローンがあるのだ。

「限りなく安く貸してください！」


結局、奥さんの必死の情熱に打たれた地主は、先祖の形見を収納していた小屋を壊してまで、その土地を貸してくれた。

こうして、広い店に通り抜けできる駐車場が確保された。


「この木ね、モチの木なの。二百歳なんですって。二百年前から、ずうっとここに居るの。お守りなの」


この木を囲むようにお店が建っていて、お店には二ヵ所の出入り口がある。一方の扉の先には、木を眺めながらお客様がゆっくり休めるように、木製のテーブルと椅子がいくつか並んでいて、このスペースが庭になっている。

「入り口はここじゃないの。もう一つの扉なの。でも、みんなここから入ってきちゃうの。ここは、出口なのに」

お客様の多くは、このスペースを通りお店に入ってくるというわけだ。私も例外ではなかった。

風が吹いて、庭の草花がやさしく揺れた。

「ね！ この子たちが、お客様をお見送りするの」
確かに、風に揺れる草花はまるでおじぎをしているかのようだった。
ありがとう、また来てくださいね。
この庭の先の駐車場が確保される前は、それはスタッフの仕事だった。今では、スタッフの代わりに、この庭の草花たちがそれをやっている。

庭をオーダーするつもりはなかった奥さん。なぜ、上野氏に依頼することになったのか？

お店の敷地面積が広くなり、モチの木のスペースと駐車場までの間が味気なかった。そんな中、たくさんのお客様が、「これ、お店に置いて」と野草の鉢や、草花を束ねたブーケを持ってきてくれた。奥さん自身、きらびやかな花束より野草などの緑のほうが好きだった。

奥さんはうれしくて、店内外をそれらで飾った。

決して、二人三脚だけでここまで来たのではない。小さな店だった時からこのセゾンは、たくさんの人たちに支えられ、一つ一つ夢を叶えることができたのだ。

「お返しがしたかったの」


セゾンに来たら、なんか落ち着く。

セゾンに来たら、幸せな気分になる。

セゾンに来たら、癒される。

セゾンに来たら、楽しい。


そんな空間にしたくて、奥さんは自分でも空間を彩る植物を求め、フラワーショップを訪れた。

一階から二階まで一面スケルトンの外装から見える店内は、まるで植物園のようなたくさんの緑。さらに対照的なオレンジ色の木製扉を囲むように、様々な緑が出迎えていた。そこは、フラワーショップ・ブルーメ。


オレンジの扉を開けると、仏のようなほほえみを浮かべた男性がひとり。上野氏である。

外からも見ることができた植物園のような緑の奥には、写真が貼ってあった。

「これは？」

奥さんは尋ねた。

「今まで手がけたお庭です」

それから、彼はまるで自分の子供の話をするように、草木の話や庭づくりの話を奥さんにしたという。そんな彼を見て彼女は、お客様に喜んでいただけるのなら、お客様からいただいた鉢も使って庭を任せてみようと決めたのだ。


「わがままいっぱい言ったの。こんなのがいいとか、あんなのがいいとか。それでいて予算を抑えろとか」

確かに、言っていいそうだ。


「でも、具体的なこととか、何風とかってわからないでしょ？ だから、セゾン風に、とか」

セゾン風に、って…。

上野氏によると、そんなクライアントがほとんどだという。彼はいつも図面を起こし、草木の名前も記載する。それをもとにクライアントと打ち合わせを進めていく。

庭は三次元。立体のデザインは、時に図面通りにはいかないものだ。その時は現場にて即興でデザインする。

「図面を見てね、これこれ！ みたいな」

上野氏は奥さんの言葉に、満足げな表情を浮かべていた。

庭づくりがスタートすると彼女は、時折様子をうかがいに庭を覗いた。すると上野氏がにこにこしながら、大事に大事に土や草木をいじっている。そんな彼を確認したら、安心して店内に戻ることができたという。

取材をしたのは、クリスマス前。
一歩入ると、そこはセゾンの森。
上野氏によって構成された庭の草木は、奥さんによっておめかしされていた。その中心のモチの木は二百年間ずっと変わらずそこに居る。
新しい家族セゾンと一緒に、さらなる思い出を刻むのだと思った。

「最後に店内も見ていって」

今度はきちんと奥さん指定の入り口から入る。

甘い香りがやさしくしく包む。子供の頃読んでもらったグリム童話のお菓子の家を連想させる世界が広がっていた。甘い誘惑が私を襲う。お菓子を入れるかごを手にすると、底に何やら手書きのメッセージが入っていた。

そういえば、庭やお店のあちらこちらにも、手づくりのメッセージボードが置いてあった。

他のかごを見ると、それぞれ違うメッセージが入っている。

いくつか焼き菓子をかごに入れ、きらきら光るケーキが並べられているショーケースへ向かった。

迷った挙句、いくつかケーキを選んだ。

「このパイ、少し形が曲がってしまっているので、こちらのきれいなほうのパイも召し上がってくださいね」

どこが？

素人の私にはわからないほどのことで、サービスしてくれた。

店内は、あたたかい愛であふれていた。

出口からお店を出る。

草花が風に吹かれておじぎをしてくれる。それを大きなモチの木はやさしく見守っていた。

セゾンは愛でできている。

たくさんの人とのつながりが愛になり、セゾンになっていた。

「今日はありがとう」そう言った奥さんの笑顔はまぶしい光を放っていた。

取材を終え、事務所に戻り、業務を済ませて自宅に帰る。プライベートはしょっぱい生活で知られている、一人暮らしの私の部屋。

今日は愛を持ち帰ってきた。

店名のついた『セゾン』というケーキは自分用。

シャンパン色の生カスタードクリームをきめの細かな黄色いスポンジではさみ、宝石のような色とりどりのフルーツで飾られたまるいケーキ。

フォークでつつくのもじれったい。

そのまま手でつかみ、大きく開けた口にほおばる。

フレッシュなフルーツの甘酸っぱさ、ふわぁっと一瞬にして舌の上でとろけるスポンジ。サンドされたクリームが全体を包み込むように調和する。

色々な苦しみを乗り越えたからこそ、得ることのできる幸せ。

感じることのできる喜び。

苦い思いをいっぱいしてきたであろう夫婦の手づくりケーキは、こんなにも甘く、こんなにもやさしかった。

お菓子の専門店
パティスリー・セゾン
〒820-0032 福岡県飯塚市東徳前12-37
TEL.0948-25-2822

works gallery

ギャラリー

玄関を開けるとすぐ目に飛び込んでくる中庭スペース。
大きなガラス張りの窓を額縁に見立て、まるで絵を描いたかのように仕上げられている。
イメージした石や樹木を探し歩いて完成した、こだわりの庭。

アプローチに敷いたレンガから無造作にはみ出たレンガが軽やかなリズム感を出している。
この遊び心に上野氏らしさを感じる。リピアの花が咲き誇る季節はいっそう華やかさが増す。

テーマは「花束のように」。花壇からこぼれんばかりに広がる植物が美しい。
赤レンガの壁と花壇も、上野氏のオリジナル。

植物をあしらった外構。建物のグレー・ブラウン・グリーンのカラーに合わせた手づくり。
使われているチョコレートコスモスは、香りもチョコレート。視覚だけではなく、嗅覚でも楽しめる作品。

まるでアウトドアのシステムキッチン。これも上野氏の手づくり。
バーベキューはもちろん、たき火をしてお鍋も楽しめる。石を渡している所は、人が座れるほどの強度がある。

陶芸が趣味のオーナーの庭。元々集めてあった陶器を使って構成されている。
板を張った背景に落葉樹とコケで演出。コケの間には所々に瓦が埋められてアクセントになっている。

シンプルな和のテイスト。白・黒の御影石の板石や灰色のピンコロ石など、
様々な石が地面で遊んでいる。寄せ植えにした鉢を置く場所によって、変化が楽しめる。

和テイストな喫茶店の入り口。土間を思わせる足下には、
ビー玉や陶器のカケラが無造作にあしらってある。
季節ごとのディスプレイがはえるつくりになっている。

YUJI's work shop Blume《ブルーメ》

一言では言い表せない。

洗練されていて、シンプルで、かっこよく、お洒落に、自然に…

そういうものをブルーメらしさと言いながら、植物をさらに彩るアイテムのコレクションや、ものづくりを行っている。

祖父の影響で造園の世界に飛び込み、コミュニティワークショップとしてブルーメを開いた。

ここでは、多くの人に植物にふれてもらうべく、切り花、観葉植物、花苗などを使った教室も行っている。

2階にはミーティングルームがあり、上野氏が庭の打ち合わせをする。ふらっと立ち寄ったお客様にお茶を出し、植物の話や世間話に花を咲かせることもあるという。

それもまた、彼の人柄。このブルーメにも、数々のドラマが存在するのだろう。

2階のミーティングルーム。 教室もここで行っている。

植物たちがいきいきとしている。 吹き抜けの明るい空間。

ノスタルジックな雰囲気で落ち着いた店内。

めずらしい生花や観葉植物、繊細なガラスの器。
シンプルなセラミックの器、個性的なアイアン
など沢山の花器が並んでいる。気に入ったもの
を選ぶと、花やグリーンをアレンジしてくれる。
定期的に変わるディスプレイが楽しみで来店
される方も多い。

花が咲く丘の野原のような自然な動きを活かしイメージした。

心に残るウエディングの秘訣はなんと言っても花。何度も打合せをし、印象的なウエディングにするためのトータルコーディネートも行っている。

GREEN&FLOWER LIFE PLANNER　Blume
〒820-0068　福岡県飯塚市片島2丁目13-14　TEL.0948-26-0260　http://www.blume-u.co.jp/

エピローグ

本当に豊かな暮らしは心豊かなことだと

庭は教えてくれた

大切なものをどこかに忘れてきたことに

気付かせてくれた

目だけで見ないで心で感じて

すると何かが胸を動かす

それこそが、人と庭が織りなす

ドラマチックガーデン

人と庭のストーリー。あなたの心にも届きましたか？
庭にふれ、人にふれるとそこに愛がありました。
庭の数だけ家族があり、家族の数だけドラマがあります。
いつでも何度でもページをめくってみてください。
ここにとじこめた愛は、いつまでも咲き続けます。

ガーデンクリエーター

上野　祐司　*Yuji Ueno*

1965年生まれ　福岡県出身

京都で修行後、福岡にて24歳で独立。

フラワーショップ・ブルーメを36歳で設立。

花と緑の尊さを多くの人々に伝えるべく、数々の庭を独自の感性で設計・施工している。

庭だけにとどまらず、街の緑化事業にも取り組み、緑の伝道師として幅広い活動を続ける。本書の出版も、その活動の一環である。

1級造園施工管理技士
社団法人 日本造園組合連合会 福岡県支部役員

人、緑、そして庭。

なぜこの本をつくったのか、理由は三つある。

一つめは、自分の説明書をつくりたかった。造園家は、キャンバスがなければ絵が描けない。庭をつくりたいと思っている多くの方々に、自分の作品と思いを知っていただき、庭づくりのきっかけにして欲しかった。

二つめは、緑豊かな街づくりの普及。庭や植物に興味がなかった方に、この本を通じて関心を持っていただきたいと思う。

三つめは、素敵な方々との出会いで生まれたものを一人でも多くの方に感じて欲しいということ。

私は今まで多くの方と出会い、喜びや励まし、教えをいただいた。その方々のおかげで数々の庭をつくることができた。さらに、この本をつくるため各庭のオーナー様から、「がんばってね」、「いい

本になりそうね」と、たくさんの励ましをいただいたばかりではなく、撮影・取材などに関しても数々のご協力をいただいた。それから職人、フォトグラファー、装飾スタッフの皆様のご協力も大きな力となった。制作スタッフの方々には、私には想像がつかなかった形で、いいものに仕上げていただいた。

感謝の気持ちはまだまだ収まりきらないが、詰め込めるだけ詰め込んで、この一冊は完成した。ああしよう、こうしようと試行錯誤しながらつくった。それは、庭づくりにどこか似ていた。

すべては、人との出会いのおかげ。

独立した時から、周りの人たちに支えられ、今日がある。これからも、たくさんの人に出会い、その人たちを幸せにする作品を残していきたい。

上野祐司

There is a drama in the garden.

Dramatic Garden

ドラマチック・ガーデン

2007年5月1日　第1刷発行

著　　者／上野 祐司

企画・編集／K·Pクリエイションズ

撮　　影／上野 祐司、柴田 ゆう子、玉村 恵美

発 行 者／西 俊明
発 行 所／有限会社海鳥社
〒810-0074
福岡市中央区大手門3丁目6番13号
電話092(771)0132
FAX092(771)2546
http://www.kaichosha-f.co.jp

印刷・製本／慶和印刷株式会社
ISBN 978-4-87415-628-5
[定価は表紙カバーに表示]